Kuchnia Powolna 2023

Ciesz się smakiem czasu

Anna Kowalska

Spis treści

Grillowana wieprzowina 21

SKŁADNIKI 21

PRZYGOTOWANIE 21

Fajitas z szarpaną wieprzowiną 23

SKŁADNIKI 23

PRZYGOTOWANIE 23

Żeberka Gotowane Czerwone 25

SKŁADNIKI 25

PRZYGOTOWANIE 25

Wieprzowina Salsa 27

SKŁADNIKI 27

PRZYGOTOWANIE 27

Pyszne włoskie kiełbaski 28

SKŁADNIKI 28

PRZYGOTOWANIE 28

Soczyste Polędwiczki Jabłkowo-Miodowe 30

SKŁADNIKI 30

PRZYGOTOWANIE 30

Pyszne żeberka klonowe w stylu country 32

SKŁADNIKI 32

PRZYGOTOWANIE 32

Kiszona Kapusta I Kotlety 32

SKŁADNIKI 32

PRZYGOTOWANIE 33

Kiełbasa i Kapusta z Jabłkami 34

SKŁADNIKI 34

PRZYGOTOWANIE 34

Kiełbasa & Ziemniaki 36

SKŁADNIKI 36

PRZYGOTOWANIE 36

Kiełbasa I Zapiekanka Ziemniaczana 37

SKŁADNIKI 37

PRZYGOTOWANIE 37

Kiełbasa W Sosie Piwno-Musztardowym 38

SKŁADNIKI 38

PRZYGOTOWANIE 38

Kiełbasa Gulasz Z Ziemniakami 39

SKŁADNIKI 39

PRZYGOTOWANIE 40

Pikantne kotlety wieprzowe i sos 41

SKŁADNIKI 41

PRZYGOTOWANIE 41

Pikantna Pieczeń Wieprzowa Z Czerwoną Kapustą 42

SKŁADNIKI 42

PRZYGOTOWANIE 42

Pikantne Nadziewane Kotlety 43

SKŁADNIKI 43

PRZYGOTOWANIE 44

Zapiekane Ziemniaki Z Szynką 45

SKŁADNIKI 45

PRZYGOTOWANIE 45

Sezamowe Żeberka Wieprzowe 46

SKŁADNIKI 46

PRZYGOTOWANIE 47

Rozdrobniona Wieprzowina Dla Burritos 48

SKŁADNIKI 48

PRZYGOTOWANIE 49

Żeberka dla niemowląt w powolnej kuchence 50

SKŁADNIKI 50

PRZYGOTOWANIE 50

Wolnowarowa Schab Wieprzowy I Fasola 52

SKŁADNIKI 52

PRZYGOTOWANIE 52

Polędwica Wieprzowa Wolno Gotowana Z Nadzieniem 53

SKŁADNIKI 53

• ••• Natrzeć wieprzowinę ••• 53

PRZYGOTOWANIE 54

Wolno Gotowana Łopatka Wieprzowa 55

SKŁADNIKI 55

PRZYGOTOWANIE 55

Słodko-kwaśna wieprzowina w powolnej kuchence 56

SKŁADNIKI 56

PRZYGOTOWANIE 56

Wędzone Kiełbasy Z Ziemniakami I Kapustą 58

SKŁADNIKI 58

PRZYGOTOWANIE 58

Pieczeń Wieprzowa z Południowego Pacyfiku 60

SKŁADNIKI 60

PRZYGOTOWANIE 60

Zapasowy garnek z żeberkami 62

SKŁADNIKI 62

PRZYGOTOWANIE 62

Żeberka, Kapusta i Kapusta 63

SKŁADNIKI 63

PRZYGOTOWANIE 63

Nadziewana kapusta 65

SKŁADNIKI 65

PRZYGOTOWANIE 65

Super łatwe kotlety wieprzowe 67

SKŁADNIKI 67

PRZYGOTOWANIE 67

Super łatwe kotlety wieprzowe do gotowania na wolnym ogniu 69

SKŁADNIKI 69

PRZYGOTOWANIE 69

Niespodzianka Żeberka 71

SKŁADNIKI 71

PRZYGOTOWANIE 71

Słodko-kwaśna Bratwurst 72

SKŁADNIKI 72

PRZYGOTOWANIE 72

Żeberka Słodko-Kwaśne 73

SKŁADNIKI 73

PRZYGOTOWANIE 73

Słodko-kwaśna wieprzowina ... 74

SKŁADNIKI ... 74

PRZYGOTOWANIE ... 74

Słodko-kwaśne steki wieprzowe ... 76

SKŁADNIKI ... 76

PRZYGOTOWANIE ... 76

Żeberka Słodko-Kwaśne ... 78

SKŁADNIKI ... 78

PRZYGOTOWANIE ... 79

Pikantna Bratwurst & Kapusta ... 80

SKŁADNIKI ... 80

PRZYGOTOWANIE ... 80

Szarpana Wieprzowina Tex-Mex ... 82

SKŁADNIKI ... 82

PRZYGOTOWANIE ... 82

Kotlety Schabowe Nadziewane Warzywami ... 84

SKŁADNIKI ... 84

PRZYGOTOWANIE ... 84

Szynka Glazurowana Wino ... 86

SKŁADNIKI ... 86

PRZYGOTOWANIE ... 86

Gulasz wołowy z jabłek 87

SKŁADNIKI 87

PRZYGOTOWANIE 87

Jesienny Gulasz Warzywny 88

SKŁADNIKI 88

PRZYGOTOWANIE 89

Podstawowy gulasz wołowy 90

SKŁADNIKI 90

PRZYGOTOWANIE 90

baskijski gulasz z kurczaka 92

SKŁADNIKI 92

PRZYGOTOWANIE 93

gulasz z wołowiny i piwa 94

SKŁADNIKI 94

PRZYGOTOWANIE 94

Gulasz z Wołowiny I Czarnej Fasoli 96

SKŁADNIKI 96

PRZYGOTOWANIE 96

Gulasz Z Wołowiny I Kurczaka 98

SKŁADNIKI 98

PRZYGOTOWANIE 99

Gulasz z wołowiny i zielonego chili 100

SKŁADNIKI 100

PRZYGOTOWANIE 100

Gulasz z wołowiny i fasoli pinto 102

SKŁADNIKI 102

PRZYGOTOWANIE 103

Gulasz Z Wołowiny I Ziemniaków 104

SKŁADNIKI 104

PRZYGOTOWANIE 104

Garnek: 104

Płyta kuchenna: 105

Gulasz Wołowy Curry 106

SKŁADNIKI 106

PRZYGOTOWANIE 106

Gulasz Wołowy Z Smakami Curry 108

SKŁADNIKI 108

PRZYGOTOWANIE 108

Gulasz Wołowy Z Pieczarkami I Czerwonym Winem 109

SKŁADNIKI 109

PRZYGOTOWANIE 109

Gulasz Wołowy Z Mieszanką Zupy Cebulowej 111

SKŁADNIKI 111

PRZYGOTOWANIE 111

Gulasz Wołowiny Z Czerwonego Wina 112

SKŁADNIKI 112

PRZYGOTOWANIE 112

Gulasz Wołowy Z Czerwonym Winem I Ziołami Pierogi 113

SKŁADNIKI 113

PRZYGOTOWANIE 114

Gulasz wołowy ze słodkimi ziemniakami 116

SKŁADNIKI 116

PRZYGOTOWANIE 116

Wołowiny Gulasz Z Warzywami 118

SKŁADNIKI 118

PRZYGOTOWANIE 119

Gulasz wołowy na pracowity dzień Beth 120

SKŁADNIKI 120

PRZYGOTOWANIE 120

Przepis na gulasz obozowy 122

SKŁADNIKI 122

PRZYGOTOWANIE 122

Carne Guisado 123

SKŁADNIKI 123

PRZYGOTOWANIE 124

Gulasz Z Kurczaka Z Pomidorami I Warzywami 125

SKŁADNIKI 125

PRZYGOTOWANIE 125

Gulasz Z Kurczaka Po Południowo-Zachodnim Stylu 127

SKŁADNIKI 127

PRZYGOTOWANIE 128

Gulasz Kurczak-Chili 129

SKŁADNIKI 129

PRZYGOTOWANIE 129

Klasyczny gulasz wołowy do gotowania na wolnym ogniu 131

SKŁADNIKI 131

PRZYGOTOWANIE 132

Gulasz wołowy Colleen 133

SKŁADNIKI 133

PRZYGOTOWANIE 133

Gulasz Studenta 135

SKŁADNIKI 135

PRZYGOTOWANIE 135

Wiejski Gulasz Wołowy 136

SKŁADNIKI 136

PRZYGOTOWANIE 136

Gulasz Kowbojski 138

SKŁADNIKI 138

PRZYGOTOWANIE 138

Gulasz Ostrygowy 139

SKŁADNIKI 139

PRZYGOTOWANIE 139

Gulasz z Crockpot Brunszwik 140

SKŁADNIKI 140

PRZYGOTOWANIE 140

Gulasz Kostkowy 142

SKŁADNIKI 142

PRZYGOTOWANIE 142

Łatwy gulasz wołowy 144

SKŁADNIKI 144

PRZYGOTOWANIE 144

Rodzinny gulasz wołowy 146

SKŁADNIKI 146

PRZYGOTOWANIE 146

Ulubiony gulasz wołowy 148

SKŁADNIKI 148

PRZYGOTOWANIE 148

Gulasz wieprzowy Franka... 150

SKŁADNIKI 150

PRZYGOTOWANIE 150

gulasz z kurczaka po francusku 151

SKŁADNIKI 151

PRZYGOTOWANIE 151

Niemiecki gulasz wołowy 153

SKŁADNIKI 153

PRZYGOTOWANIE 153

Gulasz Hamburgerowy.. 155

SKŁADNIKI 155

PRZYGOTOWANIE 155

Obfity gulasz z fasoli i warzyw.. 157

SKŁADNIKI 157

PRZYGOTOWANIE 158

Pożywny gulasz z wołowiny i grzybów 160

SKŁADNIKI 160

PRZYGOTOWANIE 160

Pożywny gulasz rybny 162

SKŁADNIKI 162

PRZYGOTOWANIE 162

Ziołowa Gulasz Wołowy 164

SKŁADNIKI 164

PRZYGOTOWANIE 164

Gulasz Cielęcy po Węgiersku 166

SKŁADNIKI 166

PRZYGOTOWANIE 166

Irlandzki Gulasz Jagnięcy 168

SKŁADNIKI 168

PRZYGOTOWANIE 168

Włoski gulasz z klopsikami 170

SKŁADNIKI 170

PRZYGOTOWANIE 171

Gulasz wołowy Karen's Slow Cooker 172

SKŁADNIKI 172

PRZYGOTOWANIE 172

Gulasz z kurczaka po meksykańsku Kayle 174

SKŁADNIKI 174

PRZYGOTOWANIE 174

Gulasz wołowy Kim's Crockpot 175

SKŁADNIKI 175

PRZYGOTOWANIE 175

Gulasz Z Jagnięciny I Warzyw 177

SKŁADNIKI 177

PRZYGOTOWANIE 178

Gulasz jagnięcy 179

SKŁADNIKI 179

PRZYGOTOWANIE 179

Gulasz Lisy z wołowiną i taco 181

SKŁADNIKI 181

PRZYGOTOWANIE 181

Gulasz Z Kurczaka Mamy 183

SKŁADNIKI 183

PRZYGOTOWANIE 183

Gulasz z klopsikami Marti 185

SKŁADNIKI 185

PRZYGOTOWANIE 186

Gulasz Śródziemnomorski 187

SKŁADNIKI 187

PRZYGOTOWANIE 187

Gulasz Warzyw Śródziemnomorskich 189

SKŁADNIKI 189

PRZYGOTOWANIE 189

Gulasz wołowy Ness 191

SKŁADNIKI 191

PRZYGOTOWANIE 191

Staroświecki Gulasz Wołowy Z Ziemniakami 193

SKŁADNIKI 193

PRZYGOTOWANIE 194

Staromodny Gulasz Warzywny Warzyw 195

SKŁADNIKI 195

PRZYGOTOWANIE 196

Staromodny gulasz z klopsikami 197

SKŁADNIKI 197

PRZYGOTOWANIE 198

Gulasz wołowy po pakistańsku 199

SKŁADNIKI 199

PRZYGOTOWANIE 200

Gulasz z wędzonej kiełbasy Paula 202

SKŁADNIKI 202

PRZYGOTOWANIE 202

Doskonały gulasz wołowy 204

SKŁADNIKI 204

PRZYGOTOWANIE 204

Gulasz Wieprzowy I Zielonego Chile 206

SKŁADNIKI 206

PRZYGOTOWANIE 207

Gulasz Z Wieprzowiny I Kapusty Kiszonej 208

SKŁADNIKI 208

PRZYGOTOWANIE 208

Schabowy Gulasz Z Kapustą 210

SKŁADNIKI 210

PRZYGOTOWANIE 210

Gulasz Wieprzowy Z Cydrem 212

SKŁADNIKI 212

PRZYGOTOWANIE 212

Zapiekanka z ziemniaków 214

SKŁADNIKI 214

PRZYGOTOWANIE 214

Zapiekane Ziemniaki Z Szynką 215

SKŁADNIKI 215

PRZYGOTOWANIE 215

Proste Pyszne Ziemniaki 217

SKŁADNIKI 217

PRZYGOTOWANIE 217

Grillowana wieprzowina

SKŁADNIKI

- 4 funtowa pieczeń wieprzowa (łopatka wieprzowa bez kości lub bostoński tyłek)

- sól i pieprz

- 2 cebule, pokrojone w plasterki, podzielone

- 5 lub 6 całych ząbków

- 2 szklanki wody

- 1 cebula, posiekana

- Butelka 16 uncji Twojego ulubionego sosu barbecue

PRZYGOTOWANIE
1. Umieść jedną pokrojoną cebulę na dnie naczynia Crock Pot.
2. Nakłuwamy pieczeń wieprzową goździkami i doprawiamy solą i pieprzem.
3. Umieść pieczeń w powolnej kuchence na wierzchu pokrojonej cebuli. Przykryj drugą pokrojoną cebulą i dodaj tyle wody, aby wypełnić Crock Pot w dwóch trzecich.
4. Przykryj i gotuj na niskim poziomie od 8 do 12 godzin.
5. Usuń pieczeń. Usuń i wyrzuć goździki, kości i tłuszcz, a także wodę, cebulę i tłuszcz pozostałe w garnku.
6. Gdy pieczeń wieprzowa jest wystarczająco chłodna, aby można ją było trzymać, użyj widelca lub palców,

aby ją rozdzielić, aż cała pieczeń zostanie rozdrobniona.
7. Włóż szarpaną wieprzowinę z powrotem do garnka. Dodaj posiekaną cebulę i sos BBQ i przykryj. Podgrzewaj na dużym ogniu przez 1-3 godziny lub do momentu, aż cebula będzie miękka.
8. Podawaj na dużych, chrupiących bułkach z sosem BBQ na bazie musztardy. Udekoruj włóczniami z ogórków kiszonych, cienko pokrojoną surową cebulą i marynowaną pepperoncini (włoska papryka bananowa). Podawać z chrupiącą, domową surówką.

Fajitas z szarpaną wieprzowiną

SKŁADNIKI

- 1 pieczeń ze schabu wieprzowego bez kości, około 2 1/2 funta (lub użyj tradycyjnej łopatki lub udka wieprzowego)
- 1 średnia cebula, cienko pokrojona
- 2 szklanki sosu barbecue, zakupionego lub domowej roboty
- 1/2 szklanki salsy
- 2 łyżki chili w proszku
- 1 łyżeczka mielonego kminku
- 1/2 łyżeczki czosnku w proszku
- 1/2 łyżeczki oregano
- 1/4 łyżeczki mielonego czarnego pieprzu
- 1/8 łyżeczki mielonej czerwonej papryki lub do smaku
- 1/2 łyżeczki soli
- 1 mała zielona papryka pokrojona w paski
- 1 mała czerwona papryka pokrojona w paski
- 10 tortilli z mąki (o średnicy od 8 do 10 cali)

PRZYGOTOWANIE

1. Usuń nadmiar tłuszczu z wieprzowiny. Umieść wieprzowinę w powolnej kuchence o pojemności 3 1/2-6 kwarty; ułożyć cebulę na wierzchu. Wymieszaj

sos barbecue, salsę, zioła i przyprawy; polać wieprzowiną.
2. Przykryj i gotuj na małym ogniu przez 8 do 10 godzin lub do momentu, aż wieprzowina będzie bardzo miękka.
3. Usuń wieprzowinę; ułożyć na dużym talerzu. Za pomocą 2 widelców rozciągnij wieprzowinę na strzępy.
4. Wlej sos do miski; wymieszać z wieprzowiną. Podsmaż paski papryki na odrobinie oleju.
5. Nadzienie łyżkowe na tortille; udekoruj kilkoma paskami papryki i zwiń.

Żeberka Gotowane Czerwone

SKŁADNIKI

- 3/4 szklanki sosu hoisin
- 3 łyżki sosu sojowego
- 2 łyżki wytrawnej sherry
- 1 łyżeczka mielonego imbiru
- 1 łyżka miodu
- 4 ząbki czosnku, posiekane
- 1 łyżeczka mielonego ziela angielskiego
- 2 łyżeczki startej skórki pomarańczowej
- 1 mała ostra czerwona papryczka chili, pozbawiona nasion i pokruszona lub około 1/2 łyżeczki zmiażdżonej czerwonej papryki
- 1 pęczek zielonej cebuli, około 6 do 8, pokrojonych w plasterki, z zieloną
- 2 do 3 funtów wieprzowych żeberek wieprzowych bez kości, pokrojonych

PRZYGOTOWANIE

1. W małej misce wymieszaj sos hoisin, sos sojowy, sherry, imbir, miód, czosnek, ziele angielskie, skórkę pomarańczową i czerwoną papryczkę chili.
2. Umieść 1/3 zielonej cebuli w wolnej kuchence o pojemności od 3 1/2 do 5 kwart.

3. Na wierzchu ułożyć żeberka wieprzowe i polać mięso łyżką sosu.
4. Powtórz te warstwy jeszcze 2 razy, kończąc na pozostałym sosie.
5. Przykryj i gotuj na niskim poziomie przez 9 do 10 godzin lub do miękkości.
6. Serwuje 6.

Wieprzowina Salsa

SKŁADNIKI

- pieczeń ze schabu bez kości lub wycięta łopatka wieprzowa bez kości

- świeża salsa

- sól i pieprz

PRZYGOTOWANIE
1. Umieść pieczeń w powolnej kuchence. Przykryj świeżą salsą. Dodaj dowolne dodatkowe przyprawy według uznania.
2. Gotuj na niskim poziomie przez 6 do 8 godzin lub do momentu, aż pieczeń będzie miękka.

Pyszne włoskie kiełbaski

SKŁADNIKI

- 4 do 6 włoskich kiełbasek
- 2 łyżki koncentratu pomidorowego
- 1/2 łyżeczki suszonej słodkiej bazylii
- 1/2 łyżeczki suszonych liści oregano
- 4 do 6 średnich pomidorów pokrojonych w kostkę
- 2 cebule, przekrojone na pół i pokrojone w plasterki
- 1 mała zielona papryka pokrojona w paski
- odrobina pieprzu cayenne, mniej lub więcej do smaku
- sól i pieprz do smaku
- pokrojony ser mozzarella, według uznania

PRZYGOTOWANIE

1. W średnim rondlu gotuj kiełbaski w wodzie przez około 20 minut; odcedź i przenieś do powolnej kuchenki/Crock Pot. Dodać pozostałe składniki. Przykryj i gotuj na małym ogniu przez 6 do 8 godzin. Podawaj na chrupiących bułkach lub wykończ serem mozzarella i umieść pod grillem, aż ser się roztopi i zacznie bulgotać. Pyszne danie z sałatką.
2. Przepis na włoską kiełbasę 4.

Soczyste Polędwiczki Jabłkowo-Miodowe

SKŁADNIKI

-
- 1 do 1 1/2 funta polędwicy wieprzowej
-
- 1 średnia cebula, posiekana
- 1/2 szklanki posiekanego suszonego jabłka lub moreli
- 1 papryka, posiekana
- 1 opakowanie wiejskiego sosu (1 uncja)
- 1/4 szklanki miodu
- 1/3 szklanki wody
- 3 łyżki niskosodowego sosu sojowego
- 2 łyżki octu jabłkowego lub winnego
- 1 łyżeczka czosnku w proszku
- sól i pieprz do smaku

PRZYGOTOWANIE
1. Umieść wieprzowinę w powolnej kuchence z cebulą, suszonym jabłkiem i papryką.
2. Połącz pozostałe składniki; polać wieprzowiną.
3. Przykryj i gotuj na niskim poziomie przez 7 do 9 godzin (3 1/2 do 4 1/2 godziny na wysokim poziomie).
4. Serwuje od 4 do 6.

Pyszne żeberka klonowe w stylu country

SKŁADNIKI

- 1 1/2 funta wiejskich żeberek wieprzowych bez kości
- 1/4 szklanki syropu klonowego
- 1 łyżka sosu sojowego
- 2 łyżki suszonej cebuli mielonej lub użyj świeżej
- 1/4 łyżeczki cynamonu
- 1/4 łyżeczki imbiru
- 1/4 łyżeczki ziela angielskiego
- 1/2 łyżeczki czosnku w proszku
- szczypta pieprzu

PRZYGOTOWANIE
1. Umieść żeberka wieprzowe w powolnej kuchence lub garnku Crock-Pot.
2. Połącz pozostałe składniki; polać wieprzowiną.
3. Przykryj i gotuj na niskim poziomie przez 7 do 9 godzin lub na ustawieniu HIGH przez około 3 1/2 do 4 1/2 godziny.
4. Serwuje 4.

Kiszona Kapusta I Kotlety

SKŁADNIKI
- 4 kotlety wieprzowe, grubości 1/2 cala i przycięte

- Olej roślinny do smażenia
- 1 lekarstwo cebula, pokrojona w plasterki i podzielona na pierścienie
- 1/4 łyżeczki czosnku w proszku
- 3 szklanki odsączonej kiszonej kapusty
- 3/4 szklanki soku jabłkowego
- 1 1/2 łyżeczki. kminek
- 1/4 łyżeczki. sól
- 1/4 łyżeczki. tymianek
- 1/4 łyżeczki. pieprz
- 1 szklanka pokrojonych tartych jabłek

PRZYGOTOWANIE
1. Brązowe kotlety wieprzowe; odłożyć na bok. W wolnym naczyniu umieścić połowę krążków cebuli, czosnek w proszku, kapustę kiszoną, sok jabłkowy, kminek, sól, tymianek i pieprz. Umieść pozostałą połowę składników na kotletach; udekorować plasterkami jabłka. Przykryj i gotuj na poziomie LOW przez 6 do 7 godzin lub na poziomie high przez 3 do 4 godzin.
2. Serwuje 4.

Kiełbasa i Kapusta z Jabłkami

SKŁADNIKI

- 1 funt kiełbasy, czyli polskiej kiełbasy

- 1 duża cebula pokrojona w plasterki

- 4 szklanki posiekanej czerwonej kapusty
- 3 szklanki pokrojonych jabłek lub 1 puszka (20 uncji) nadzienia do szarlotki
- 1 łyżeczka soli
- 1/4 łyżeczki pieprzu
- 1/4 łyżeczki kminku
- 1 liść laurowy
- 1/2 szklanki piwa
- 1 puszka skondensowanego rosołu z kurczaka

PRZYGOTOWANIE

1. Kiełbasę naciąć i włożyć do szybkowaru. Ułóż warstwami cebulę, kapustę i jabłka, posyp je solą, pieprzem i kminkiem. Dodaj liść laurowy. Całość zalewamy piwem i bulionem z kurczaka. Przykryj i gotuj na niskim poziomie 6 godzin lub wysokim

poziomie 3 godziny lub do momentu, gdy kapusta będzie miękka. Usuń liść laurowy przed podaniem. Warzywa włożyć do rozgrzanego naczynia żaroodpornego i udekorować ugotowaną kiełbasą.
2. Serwuje 4.

Kiełbasa & Ziemniaki

SKŁADNIKI

- 1 do 1 1/2 funta. Polska kiełbasa, pokrojona
- 1 duże opak. (około 2 funtów) mrożonych ziemniaków z cebulą
- 1 puszka (4 uncje) posiekanej łagodnej papryczki chilli, opcjonalnie
- 1 puszka zupy serowej Cheddar
- 3/4 szklanki skondensowanego mleka
- 1 pęczek zielonej cebuli, około 6 do 8, pokrojonych w kostkę
- Pieprz
- Czosnek w proszku

PRZYGOTOWANIE

1. Nasmaruj lub spryskaj garnek nieprzywierającym sprayem do gotowania.
2. Połącz kiełbasę, ziemniaki, cebulę i przyprawy w garnku.
3. Wymieszaj zupę i mleko; wlej składniki do garnka i mieszaj, aby składniki się połączyły.
4. Gotuj na NISKIM poziomie przez 5 do 7 godzin, delikatnie mieszając kilka razy.

Kiełbasa I Zapiekanka Ziemniaczana

SKŁADNIKI

- 2 1/2 funta ziemniaków, pokrojonych w plastry o grubości 1/4 cala

- 1 funt w pełni ugotowanej wędzonej kiełbasy, pokrojonej w 1/2-calowe krążki

- 1 szklanka posiekanej cebuli

- 1 puszka (10 3/4 uncji) skondensowanej zupy z sera cheddar

- 1 puszka (10 3/4 uncji) skondensowanej śmietany zupy selerowej

- 1 do 1 1/2 szklanki mrożonego groszku i marchwi

PRZYGOTOWANIE

1. W wolnej kuchence o pojemności 3 1/2 do 5 kwart ułóż około 1/3 ziemniaków, 1/3 kiełbasy, 1/3 cebuli i 1/3 zupy z sera cheddar. Powtórz warstwy jeszcze dwa razy.
2. Na wierzchu zupa krem z selera; przykryj i gotuj na poziomie LOW przez 8 do 10 godzin lub na poziomie HIGH przez 4 do 5 godzin.
3. Około 20 minut przed przygotowaniem dania rozmrozić groszek i marchewkę w durszlaku pod bieżącą, letnią wodą. Dodaj do garnka i gotuj przez 15 do 20 minut dłużej.
4. Serwuje od 4 do 6.

Kiełbasa W Sosie Piwno-Musztardowym

SKŁADNIKI

- 2 funty polskiej kiełbasy lub wędzonej kiełbasy (dobra jest też wędzona kiełbasa z indyka)
- 1 duża cebula, pokrojona w ćwiartki i pokrojona w plastry 1/2 cala
- 2/3 szklanki piwa
- 1/3 szklanki brązowego cukru
- 1/4 szklanki octu
- 1/4 szklanki przygotowanej musztardy
- 1 łyżka skrobi kukurydzianej zmieszana z 2 łyżeczkami wody na pastę

PRZYGOTOWANIE

1. Pokrój kiełbasę na 1-calowe rundy; włożyć do wolnowaru razem z cebulą.
2. Połącz pozostałe składniki i polej kiełbasę i cebulę.
3. Przykryj i gotuj na małym ogniu przez 6 do 8 godzin; wymieszać z pastą ze skrobi kukurydzianej i wody, aby zagęścić przed podaniem, jeśli to pożądane.
4. Podawać z sałatką ziemniaczaną, ziemniakami lub ryżem lub podawać jako przystawkę.
5. Serwuje 6.

Kiełbasa Gulasz Z Ziemniakami

SKŁADNIKI

- 2 do 3 średnich ziemniaków, obranych, pokrojonych w kostkę

- 1 łyżka oleju jadalnego

- 1 do 1 1/2 funta włoskich kiełbasek

- 1 duży ząbek czosnku, posiekany

- 1/2 szklanki posiekanej cebuli

- 1 puszka (15 uncji) duszonych pomidorów

- 2 szklanki bulionu z kurczaka

- 1 puszka (6 uncji) koncentratu pomidorowego

- 1 1/2 łyżeczki suszonego oregano

- 1/2 łyżeczki soli lub do smaku

- 1/4 łyżeczki pieprzu

- 2 średnie zielone papryki, pozbawione nasion, posiekane

PRZYGOTOWANIE
1. Lekko natłuścić lub spryskać wkład do wolnowaru; umieść ziemniaki na dnie garnka.
2. Na dużej patelni lub patelni sauté rozgrzej olej na średnim ogniu. Dodać ogniwa kiełbasy i zrumienić. Pokrój linki na 1-calowe kawałki i przenieś do wolnej kuchenki. Dodaj czosnek i cebulę.
3. W osobnej misce połącz duszone pomidory, rosół z kurczaka, koncentrat pomidorowy, oregano, sól i pieprz; mieszać do zmiksowania. Wlej mieszankę na kiełbaski w garnku.
4. Przykryj i gotuj na poziomie LOW przez 8 do 10 godzin, aż ziemniaki będą miękkie. Dodaj paprykę na około 1 godzinę przed podaniem.
5. Podawać tak jak jest, z chrupiącym chlebem lub z ryżem.
6.
   Serwuje 6.

Pikantne kotlety wieprzowe i sos

SKŁADNIKI

- 4 do 6 kotletów wieprzowych bez kości, o grubości około 3/4 do 1 cala
- 1 puszka zupy krem z selera
- 2 łyżeczki Wyler's Shakers™ o smaku wołowiny i francuskiej cebuli
- 1 łyżka suszonej mielonej cebuli
- 2 łyżeczki suszonej pietruszki, opcjonalnie

PRZYGOTOWANIE

1. Umieść wszystkie składniki w powolnej kuchence/Crock Pot. Przykryj i gotuj na małym ogniu przez 7 do 8 godzin.
2. Przepis na kotlet schabowy na 4 do 6 osób.

Pikantna Pieczeń Wieprzowa Z Czerwoną Kapustą

SKŁADNIKI

- 4 do 6 średnich czerwonych ziemniaków, pokrojonych w duże kawałki, około 2-calowe

- 1 duża cebula, przekrojona na pół i pokrojona w 1/4-calowe plasterki

- 1 pieczeń wieprzowa bez kości, około 2 funtów

- 1 słoik czerwonej kapusty z jabłkiem (ok. 12 uncji) lub zastąp małą puszkę kiszonej kapusty, dobrze wypłukanej i odsączonej

- 1/2 szklanki masła jabłkowego

- 1 łyżeczka czosnku w proszku

- sól i pieprz do smaku

- 1 łyżka cukru, jeśli używa się kapusty kiszonej

PRZYGOTOWANIE

1. Umieść składniki w powolnej kuchence/Crock Pot w kolejności; przykryj i gotuj na niskim poziomie przez 7 do 9 godzin (HIGH 4 godziny).
2. Serwuje od 4 do 6.

Pikantne Nadziewane Kotlety

SKŁADNIKI

- 4 kotlety ze schabu, bez kości, o grubości od 3/4 do 1 cala
- 1/3 szklanki posiekanego selera
- 1/4 szklanki posiekanej marchwi
- 1/2 szklanki posiekanej cebuli
- 1 łyżka oliwy z oliwek
- 2 łyżki masła lub margaryny
- 1/4 szklanki posiekanych orzechów pekan, opcjonalnie
- 2 szklanki miękkiej bułki tartej
- 1 jajko
- 1/2 łyżeczki natartej szałwii
- 1/2 do 1 łyżeczki liści tymianku
- 1 łyżeczka suszonej pietruszki w płatkach lub 1 łyżka świeżo posiekanej
- Sól koszerna i świeżo zmielony pieprz do smaku
- 4 do 6 średnich ziemniaków, przekrojonych na pół lub w ćwiartkach
-
1 łyżka masła lub margaryny

PRZYGOTOWANIE
1. Przetnij każdy kotlet schabowy poziomo przez środek, ale nie do końca, aby powstał motylek. Pomiędzy plastikowym opakowaniem delikatnie rozbij kotlety, aby się rozrzedziły. Dopraw solą i pieprzem; odłożyć na bok.
2. Rozpuść 2 łyżki margaryny z oliwą z oliwek na patelni na średnim ogniu. Seler, marchewkę i cebulę gotujemy do miękkości. Wlej mieszankę warzywną do średniej miski; dodać bułkę tartą, posiekane orzechy pekan, szałwię, pietruszkę, tymianek, sól i pieprz.
3. Mieszaj, aż nieco zwilżą. Nałóż kilka łyżek na każdy kotlet; zwinąć i spiąć wykałaczką.
4. Umieść ziemniaki w powolnej kuchence/Crock Pot; kropkę z 1 łyżeczką masła lub margaryny. Dopraw lekko solą i pieprzem.
5. Umieść bułki na ziemniakach w powolnej kuchence/Crock Pot. Posyp pozostałą mieszanką farszu. Przykryj i gotuj na małym ogniu przez 7 do 9 godzin. Przepis na kotlety schabowe faszerowane 4.

Zapiekane Ziemniaki Z Szynką

SKŁADNIKI

- 12 uncji pokrojonej w kostkę szynki

- 8 do 10 średnich ziemniaków, obranych i pokrojonych w cienkie plasterki

- 2 średnie cebule, obrane i pokrojone w cienkie plasterki

- sól i pieprz do smaku

- 1 szklanka startego sera Cheddar

- 1 puszka (10 3/4 uncji) skondensowanej śmietany z selera lub śmietany z zupy ziemniaczanej

- papryka, opcjonalnie

PRZYGOTOWANIE

1. W powolnej kuchence ułożyć połowę szynki, ziemniaków i cebuli. Posyp solą i pieprzem, a następnie startym serem. Powtórz z pozostałą szynką, ziemniakami, cebulą, solą, pieprzem i serem. Wlej skondensowaną zupę na wierzch, a następnie posyp odrobiną papryki, jeśli chcesz. Przykryj i gotuj na poziomie LOW przez 7 do 9 godzin lub do momentu, aż ziemniaki będą miękkie.
2. Serwuje 6.

Sezamowe Żeberka Wieprzowe

SKŁADNIKI

-
- 3/4 szklanki upakowanego brązowego cukru
-
- 3 łyżki miodu
-
- 1/2 szklanki sosu sojowego
-
- 1/2 szklanki ketchupu
-
- 2 łyżki octu
-
- 2 duże ząbki czosnku, posiekane
- 2 łyżeczki startego świeżego imbiru lub 1 łyżeczka mielonego imbiru
- 1 łyżeczka soli
- 1/4 łyżeczki mielonej czerwonej papryki
- 3 do 4 funtów wiejskich żeberek wieprzowych bez kości
- 1 średnia cebula, pokrojona w plasterki
- 1 łyżka skrobi kukurydzianej
- 2 łyżki wody
- 2 łyżki uprażonych ziaren sezamu

- 1/4 szklanki posiekanej zielonej cebuli z zieloną

PRZYGOTOWANIE
1. W dużej misce połącz pierwsze dziewięć składników. Dodaj żeberka i obróć do płaszcza. Umieść cebulę na dnie wolnej kuchenki; ułożyć żeberka na wierzchu.
2. Przykryj i gotuj na małym ogniu przez 5 do 7 godzin.
3. Aby zagęścić sos, wlej płyny do rondelka (przecedź przez sitko, jeśli chcesz uzyskać dość klarowny sos) i gotuj przez około 5 minut. Połącz 1 łyżkę mąki kukurydzianej z 2 łyżkami wody i dobrze wymieszaj.
4. Wlać do płynów i gotować, mieszając, aż zgęstnieje.
5. Ułożyć żeberka na półmisku, skropić sosem i posypać sezamem i zieloną cebulką.
6. Wychodzi 6 porcji.

Rozdrobniona Wieprzowina Dla Burritos

SKŁADNIKI

- 1 pieczeń wieprzowa, łopatka wieprzowa lub tyłek, około 4 funtów
- 1 łyżeczka soli
- 1/2 łyżeczki pieprzu
- 2 średnie ząbki czosnku, posiekane
- 1/2 szklanki wody
- 4 do 6 tortilli z mąki
- tarty ser Monterey Jack, opcjonalnie

Propozycje nadzienia:

- posiekany pomidor z pestkami
- siekana cebula
- poszatkowana sałata
- kwaśna śmietana
- guacamole
- tarty ser
- pokrojone dojrzałe oliwki

PRZYGOTOWANIE
1. Umieść pieczeń wieprzową w naczyniu spryskanym nieprzywierającym sprayem do gotowania. Posyp solą, pieprzem, następnie dodaj przeciśnięty przez praskę czosnek i wodę. Przykryj i gotuj na poziomie LOW przez 9 do 11 godzin lub do momentu, aż pieczeń wieprzowa będzie bardzo miękka. Wyjmij wieprzowinę z powolnej kuchenki łyżką cedzakową. Rozdrobnij i podawaj z podgrzanymi tortillami mącznymi, z daniami z tartego sera i wybranymi składnikami wierzchnimi na stole.
2. Ten przepis na pikantną szatkowaną wieprzowinę służy od 4 do 6 osób.

Żeberka dla niemowląt w powolnej kuchence

SKŁADNIKI

- 2 stojaki żeberek wieprzowych baby back
- Mieszanka przypraw do grilla lub sól i pieprz
- Sos:
- 3/4 szklanki ketchupu
- 1 łyżka musztardy kreolskiej lub musztardy Dijon
- 2 łyżki sosu Worcestershire
- 3 łyżki zapakowanego brązowego cukru
- 1 ząbek czosnku, drobno posiekany
- 1/4 łyżeczki nasion selera

PRZYGOTOWANIE

1. Wyłóż dużą blachę do pieczenia (z bokami) folią i spryskaj nieprzywierającym sprayem do gotowania. Rozgrzej piekarnik do 350°.
2. Posyp żeberka przyprawą do grilla lub solą i pieprzem. Ułóż żeberka na blasze do pieczenia i piecz przez 45 minut, obracając raz po około 30 minutach. Pokrój żeberka na porcje wielkości porcji i ułóż w powolnej kuchence. Składniki sosu połączyć i polać

nim żeberka. Przykryj i gotuj na poziomie LOW przez 4 do 6 godzin, aż żeberka będą bardzo miękkie.
3. Serwuje 4.

Wolnowarowa Schab Wieprzowy I Fasola

SKŁADNIKI

- 1 pieczeń ze schabu wieprzowego bez kości, około 3 do 4 funtów
- przyprawiona sól lub mieszanka przypraw do grilla
- 1 duża cebula, posiekana
- 1/2 szklanki wody
- 1 duża puszka (20 uncji) wieprzowiny i fasoli
- 1 puszka (15 do 16 uncji) czarnej fasoli, odsączonej
- 1 puszka (15 do 16 uncji) fasoli lima lub młodych limy, odsączona
- 1 szklanka sosu barbecue
- 1/2 łyżeczki soli lub do smaku
- odrobina mielonego czarnego pieprzu

PRZYGOTOWANIE

1. Natrzyj całą pieczeń wieprzową przyprawą do grilla lub przyprawioną solą. Umieść w garnku; dodać wodę i cebulę.
2. Przykryj i gotuj na poziomie LOW przez 6 godzin. Odcedź płyny i dodaj fasolę, sos barbecue, 1/2 łyżeczki soli i pieprzu; gotować 2-3 godziny dłużej.

Polędwica Wieprzowa Wolno Gotowana Z Nadzieniem

SKŁADNIKI

- 1 pudełko, około 6 uncji, przyprawiona mieszanka farszu
- 4 łyżki masła
- 1/2 szklanki posiekanej cebuli
- 1/2 szklanki posiekanego selera
- 1/2 szklanki pokrojonej w kostkę marchwi, opcjonalnie
- 1 łyżka posiekanej świeżej pietruszki lub 1 łyżeczka suszonych płatków pietruszki
- 1 szklanka bulionu z kurczaka
- 1/2 łyżeczki soli
- 1 szklanka suszonej żurawiny, opcjonalnie
- 1 pieczeń ze schabu wieprzowego bez kości, około 2 do 3 funtów
-

••• Natrzeć wieprzowinę •••

- 1 łyżka brązowego cukru
- 1 łyżeczka mieszanki przypraw kreolskich
- 1/2 łyżeczki soli
- Dash czarny pieprz
- 1/2 łyżeczki czosnku w proszku
-

1/2 łyżeczki mielonej słodkiej papryki

PRZYGOTOWANIE
1. Lekko nasmaruj wolnowar o pojemności od 5 do 6 kwart.
2. Umieść farsz w dużej misce.
3. Na patelni lub patelni saute podsmaż cebulę, seler i marchewkę na maśle na średnim ogniu, aż zmiękną. Połącz mieszankę cebuli z farszem. Dodaj pietruszkę, rosół z kurczaka, 1/2 łyżeczki soli i suszoną żurawinę; Dobrze wymieszać.
4. Włóż łyżkę farszu do powolnej kuchenki.
5. Połącz składniki na nacieranie i natrzyj pieczeń wieprzową. Umieść wieprzowinę na mieszance farszu.
6. Przykryj i gotuj na poziomie LOW przez 7 do 9 godzin lub do momentu ugotowania wieprzowiny.
7.
   Serwuje od 4 do 6.

Wolno Gotowana Łopatka Wieprzowa

SKŁADNIKI

- 2 duże cebule, przekrojone na pół, pokrojone w plasterki

- 1 pieczeń z łopatki wieprzowej bez kości

- Sól i pieprz

- 1 słoik (12 uncji) galaretki jabłkowej

- 1/2 szklanki bulionu z kurczaka lub wody

- 2 łyżki ziarnistej musztardy

PRZYGOTOWANIE

1. Ułóż plastry cebuli na dnie dużej powolnej kuchenki.
2. Opłucz pieczeń i osusz; zostaw go w siatce; ułożyć na cebuli.
3. Połącz pozostałe składniki w filiżance; polać pieczeń.
4. Przykryć i gotować na HIGH przez 2 godziny.
5. Przełącz na LOW i gotuj przez 6 do 8 godzin dłużej.
6. Służy od 6 do 8.

Słodko-kwaśna wieprzowina w powolnej kuchence

SKŁADNIKI

- 2 funty chudej wieprzowiny, pokrojonej w kostkę
- 2 łyżki skrobi kukurydzianej
- 3 łyżki sosu sojowego
- 1/4 szklanki octu
- 1 mała cebula pokrojona w plasterki
- 2 pomidory pokrojone w plasterki
- 1/2 łyżeczki mielonego imbiru
- 1/4 szklanki brązowego cukru, zapakowane
- 2 zielone papryki pokrojone w paski lub 1 czerwona papryka i 1 zielona

PRZYGOTOWANIE
1. W powolnej kuchence połącz wieprzowinę ze skrobią kukurydzianą.
2. Wymieszaj pozostałe składniki oprócz zielonej papryki i pomidorów.

3. Przykryj i gotuj na małym ogniu przez 8 godzin. Wymieszaj z zieloną papryką i pomidorami.
4. Gotuj na wysokim poziomie przez 10 minut.

Wędzone Kiełbasy Z Ziemniakami I Kapustą

SKŁADNIKI

- 2 funty ziemniaków o czerwonej skórce, nieobranych lub obranych, pokrojonych w plastry o grubości około 1/4 cala
- 1 łyżka roztopionego masła
- 1/2 łyżeczki soli
- 1/4 łyżeczki pieprzu
- 1/2 łyżeczki suszonych liści tymianku
- 1 średnia cebula, przekrojona na pół, pokrojona w plasterki
- 1/2 małej kapusty, grubo posiekanej lub rozdrobnionej
- 6 do 8 kawałków wędzonej kiełbasy, takiej jak andouille, kurczak i jabłko lub twoja ulubiona
- 1/2 szklanki soku jabłkowego
- 2 łyżeczki octu jabłkowego

PRZYGOTOWANIE

1. Ułóż pokrojone ziemniaki na dnie powolnej kuchenki o pojemności od 4 do 7 kwart. Skropić masłem i posypać mniej więcej połową soli, pieprzu i tymianku. Wrzucić do płaszcza, a następnie dodać kapustę i cebulę. Posypać pozostałymi przyprawami i ułożyć kiełbaski. Całość polać cydrem jabłkowym, a następnie skropić octem.

2. Przykryj i gotuj przez 6 do 8 godzin przy ustawieniu LOW lub 3 do 4 godzin przy ustawieniu HIGH.
3. Serwuje od 4 do 6.

Pieczeń Wieprzowa z Południowego Pacyfiku

SKŁADNIKI

- schab pieczony, bez kości, około 3 do 4 funtów
- sól i pieprz
- czosnek w proszku
- 1 duża cebula pokrojona w plasterki
- 1/4 szklanki cukru
- 3/4 szklanki gorącej wody
- 2 łyżki sosu sojowego
- 2 łyżki sherry
- 1/2 łyżeczki mielonego imbiru
- 3 łyżki octu z czerwonego wina
- 1 łyżka ketchupu lub koncentratu pomidorowego
- 1 czerwona papryka pokrojona w plasterki
- 1 zielona papryka pokrojona w plasterki
- 1 puszka [8 uncji] kawałków ananasa, odsączonych
- 2 łyżki wody
- 2 łyżki zimnej wody

PRZYGOTOWANIE

1. Pieczeń wieprzową doprawiamy solą, pieprzem i czosnkiem. Pieczeń na brązowo ze wszystkich stron.

Umieść cebulę na dnie wkładki wolnowaru; wierzch z pieczenią wieprzową. Połącz cukier, gorącą wodę, sos sojowy, sherry, mielony imbir, ocet winny i keczup. Przykryj i gotuj na poziomie LOW przez około 8 do 9 godzin. Na około 1 godzinę przed końcem dodać pokrojoną w plasterki paprykę i kawałki ananasa.
2. Aby zagęścić sos, wymieszaj 2 łyżki mąki kukurydzianej z 2 łyżkami zimnej wody.
3. Ustaw wolnowar na WYSOKI i dodaj mieszankę skrobi kukurydzianej. Kontynuuj gotowanie, aż zgęstnieje. (Zrobiłbym ten krok na płycie kuchennej).
4. Służy od 6 do 8.

Zapasowy garnek z żeberkami

SKŁADNIKI

- 2 do 3 funtów wieprzowych żeberek
- 1 szklanka ketchupu
- 1 szklanka coli lub Dr Pepper

PRZYGOTOWANIE

1. Grilluj żeberka wieprzowe przez około 20 minut, obracając mniej więcej w połowie gotowania, aby zrumienić je z obu stron; odrzucić nadmiar smaru.
2. Połącz ketchup i colę. Umieść żeberka w Crock-Pot, a następnie zalej żeberka mieszanką coli.
3. Gotuj 2 godziny na wysokiej mocy, a następnie 2 do 5 godzin na niskiej mocy.

Żeberka, Kapusta i Kapusta

SKŁADNIKI

- 2 stojaki żeberek wieprzowych baby back
- Mieszanka przypraw do grilla lub sól i pieprz
- Sos:
- 3/4 szklanki ketchupu
- 1 łyżka musztardy kreolskiej lub musztardy Dijon
- 2 łyżki sosu Worcestershire
- 3 łyżki zapakowanego brązowego cukru
- 1 ząbek czosnku, drobno posiekany
- 1/4 łyżeczki nasion selera

PRZYGOTOWANIE

1. Wyłóż dużą blachę do pieczenia (z bokami) folią i spryskaj nieprzywierającym sprayem do gotowania. Rozgrzej piekarnik do 350°.
2. Posyp żeberka przyprawą do grilla lub solą i pieprzem. Ułóż żeberka na blasze do pieczenia i piecz przez 45 minut, obracając raz po około 30 minutach. Pokrój żeberka na porcje wielkości porcji i ułóż w powolnej kuchence. Składniki sosu połączyć i polać

nim żeberka. Przykryj i gotuj na poziomie LOW przez 4 do 6 godzin, aż żeberka będą bardzo miękkie.
3. Serwuje 4.

Nadziewana kapusta

SKŁADNIKI

- 1 główka kapusty lub 12 dużych liści oddzielonych od główki
- Mały kawałek solonej wieprzowiny lub 2 plastry bekonu
- 1 funt chudej mielonej wołowiny
- 1 funt mielonej wieprzowiny
- 1 jajko, ubite
- 1/4 szklanki mleka
- 1/4 szklanki posiekanej cebuli
- 1 szklanka ugotowanego ryżu
- 1 łyżeczka soli
- 1/4 łyżeczki świeżo zmielonego czarnego pieprzu
- 1 duża puszka (15 uncji) sosu pomidorowego
- 2 łyżki soku z cytryny
- 2 łyżki brązowego cukru, zapakowane
- 1 1/2 łyżeczki sosu Worcestershire

PRZYGOTOWANIE

1. Podsmaż soloną wieprzowinę lub kawałki boczku i odłóż na bok.
2. Połącz wołowinę, wieprzowinę, jajko, mleko, cebulę, ryż i przyprawy; Dobrze wymieszać. Umieść 1/4 szklanki mieszanki mięsnej w liściu kapusty. Zroluj i

włóż do powolnej kuchenki lub garnka Crock Pot (w razie potrzeby przymocuj wykałaczkami). Powtórz z pozostałymi liśćmi i mieszanką mięsną.
3. Połącz sos pomidorowy, sok z cytryny, brązowy cukier i sos Worcestershire; zalać liśćmi. Dodaj soloną wieprzowinę lub boczek i sos.
4. Gotuj na poziomie LOW przez 7 do 9 godzin lub na poziomie HIGH przez 4 do 5 godzin.
5. Wskazówka: Aby łatwo oddzielić liście, zamroź całą główkę kapusty na kilka godzin lub całą noc. Pozostawić do rozmrożenia na kilka godzin, a następnie odciąć wokół rdzenia i delikatnie obrać liście (zaczynając od końca rdzenia) pod ciepłą bieżącą wodą. Powinny być wystarczająco elastyczne, aby pomieścić. Jeśli nie, delikatnie gotuj na parze, aby zmiękły.
6. Jeśli zaczynasz od świeżej, niezamrożonej główki kapusty, obierz i wrzuć liście kapusty do wrzącej, osolonej wody; przykryj i gotuj przez 3 minuty lub tylko do momentu, aż będą giętkie.

Super łatwe kotlety wieprzowe

SKŁADNIKI

- 4 kotlety wieprzowe o grubości około 3/4 cala do 1 cala
- 2 łyżeczki oliwy z oliwek
- 1 ząbek czosnku, posiekany
- 3 łyżki sosu sojowego
- 1/4 szklanki bulionu z kurczaka
- 2 łyżki brązowego cukru lub miodu
- odrobina pieprzu cayenne
- 1 łyżka skrobi kukurydzianej zmieszana z 1 łyżką wody do uzyskania gładkiej pasty

PRZYGOTOWANIE
1. Kotleciki wieprzowe doprawiamy solą i pieprzem do smaku. Na patelni na średnim ogniu rozgrzej oliwę z oliwek. Dodać kotlety wieprzowe i smażyć, aż ładnie się zarumienią z obu stron. Przełóż kotlety wieprzowe do garnka. Dodaj czosnek do odchodów

patelni i smaż, aż zacznie się brązowieć; wymieszać z sosem sojowym, bulionem, cukrem i pieprzem cayenne. Mieszaj, aby wymieszać; doprowadzić tylko do wrzenia. Sosem polać kotlety. Przykryj i gotuj na małym ogniu, aż kotlety schabowe będą miękkie, około 6 do 7 godzin.
2. Mieszaj mieszaninę skrobi kukurydzianej i wody, aż dobrze się połączą. Przykryj i gotuj jeszcze około 20 minut.
3. Serwuje 4.

Super łatwe kotlety wieprzowe do gotowania na wolnym ogniu

SKŁADNIKI

- 1 do 2 łyżek oliwy z oliwek, tyle, aby pokryć patelnię

- 4 kotlety schabowe pośrodku

- świeżo zmielony czarny pieprz

- 1 koperta mieszanki zupy cebulowej, około 1 uncji

- 1 szklanka bulionu z kurczaka lub bulionu warzywnego o niskiej zawartości sodu

- 1/2 szklanki wody

- 2 łyżeczki skrobi kukurydzianej zmieszanej z 1 do 2 łyżeczkami zimnej wody

-

1 łyżka masła

PRZYGOTOWANIE

1. Rozgrzej oliwę z oliwek na patelni na średnim ogniu. Dodaj kotlety wieprzowe i posyp świeżo zmielonym

czarnym pieprzem. Obsmaż kotlety, obracając, aby zrumienić obie strony, łącznie około 5 do 7 minut.
2. Przenieś zrumienione kotlety do średniej lub dużej powolnej kuchenki.
3. W misce lub miarce na 2 filiżanki połącz mieszankę sloup, bulion i wodę. Polać kotlety.
4. Przykryj i gotuj na poziomie LOW przez 6 do 7 godzin lub na poziomie HIGH przez około 3 do 3 1/2 godziny.
5. Przenieś kotlety wieprzowe na talerz lub półmisek i trzymaj w cieple.
6. Odcedź soki i odsącz tłuszcz. Soki przełożyć do rondelka i zagotować. Wymieszaj mieszaninę skrobi kukurydzianej i gotuj, mieszając, aż zgęstnieje. Mieszać, aż masło się rozpuści.
7. Sosem polać kotlety i podawać.
8. Serwuje 4.

Niespodzianka Żeberka

SKŁADNIKI

- 6 funtów żeberek wieprzowych

- woda do zakrycia mięsa

- 4 łyżeczki przyprawy do marynaty

- 1 łyżeczka soli

- 1 1/4 szklanki mocno upakowanego brązowego cukru

- 2 łyżeczki suchej musztardy

- 1/2 szklanki ketchupu

- 1/2 szklanki coli (nie dietetycznej)

PRZYGOTOWANIE
1. Rozetnij żeberka i umieść w powolnej kuchence. Żeberka zalać wodą. Dodaj przyprawę do marynaty i sól. Przykryj i gotuj na poziomie LOW przez 6 godzin lub do miękkości. Odlej płyn i umieść żeberka w płytkiej patelni. Wymieszaj razem brązowy cukier i suchą musztardę i posyp żeberka. Przykryć i

schłodzić przez noc. Połącz ketchup i colę; dobrze wymieszaj, a następnie rozprowadź na żeberkach. Grilluj lub smaż, aż żeberka się zarumienią.
2. Służy od 6 do 8.

Słodko-kwaśna Bratwurst

SKŁADNIKI

- 8 do 10 kawałków kiełbasy lub innej świeżej kiełbasy
- 1 duża cebula pokrojona w plasterki
- 1 butelka sosu barbecue, około 18 uncji
- 3 średnie zielone papryki
- 2 średnie czerwone papryki
- 1 (16 uncji) puszka pokrojonego ananasa, odsączonego

PRZYGOTOWANIE
1. Zrumienić kiełbasę na średnio-wysokim ogniu na patelni. W razie potrzeby pokrój zrumienione kiełbaski na kawałki wielkości kęsa.
2. Na dnie powolnej kuchenki ułożyć pokrojoną w plasterki cebulę; dodać ugotowaną kiełbasę i sos barbecue.
3. Przykryj i gotuj na poziomie LOW przez około 3 do 4 godzin.
4. Dodaj paprykę, cebulę i kawałki ananasa do wolnej kuchenki. Gotuj, od czasu do czasu mieszając, aż papryka będzie miękka, około 2 do 3 godzin dłużej.

5. Podawaj z sałatką ziemniaczaną i fasolą lub podawaj całe kiełbaski z bułkami kanapkowymi.

Żeberka Słodko-Kwaśne

SKŁADNIKI

- 1 1/2 do 2 funtów wiejskich żeberek bez kości
- 1 łyżeczka cebuli w proszku
- 1/2 łyżeczki czosnku power
- sól i pieprz
- 1 szklanka sosu słodko-kwaśnego
- 1 duża słodka papryka, pokrojona na 1-calowe kawałki

PRZYGOTOWANIE

1. Umieść żeberka w wolnej kuchence; dodać cebulę w proszku, czosnek w proszku, posypać solą i pieprzem. Przykryj i gotuj na LOW przez 6 do 8 godzin; odpływ. Dodać pozostałe składniki. Przykryć i gotować 2 godziny dłużej.
2. Służy od 6 do 8.

Słodko-kwaśna wieprzowina

SKŁADNIKI

- 1 puszka (20 uncji) kawałków ananasa w soku
- 1 1/2 do 2 funtów łopatki wieprzowej, pokrojonej w paski
- 1 średnia zielona papryka pokrojona w paski
- 1/2 średniej cebuli, cienko pokrojonej
- 1/4 szklanki jasnego brązowego cukru, opakowanie
- 2 łyżki skrobi kukurydzianej
- 1/4 szklanki octu jabłkowego
- 1/4 szklanki wody
- 1 łyżka jasnego sosu sojowego
- 1/2 łyżeczki soli lub do smaku
-

gorący gotowany ryż

PRZYGOTOWANIE

1. Odcedź ananasa, zachowując sok. Przechowywać w lodówce kawałki ananasa, aż będą gotowe do użycia.
2. Umieść wieprzowinę w wolnej kuchence; dodać zieloną paprykę i pokrojoną cebulę. W misce połącz brązowy cukier, skrobię kukurydzianą, 3/4 szklanki soku ananasowego (w razie potrzeby dodaj wodę, aby uzyskać 3/4 szklanki), ocet, wodę, sos sojowy i sól; zmiksować na gładką masę i polać wieprzowinę i warzywa. Przykryj i gotuj na poziomie LOW przez 8

godzin. Dodaj kawałki ananasa około 45 minut przed końcem gotowania.
3. Serwuje od 4 do 6.

Słodko-kwaśne steki wieprzowe

SKŁADNIKI

- 1 1/2 do 2 funtów schabu wieprzowego lub łopatki wieprzowej, przyciętej, pokrojonej w 1-calową kostkę
- 1 łyżka oleju jadalnego
- 2 puszki (po 8 uncji każda) rozgniecionego ananasa w soku
- 1 mała słodka zielona papryka, posiekana
- 1/2 szklanki wody
- 1/3 szklanki brązowego cukru
- 2 łyżki ketchupu
- 1 łyżka szybko gotującej się tapioki
- 3 łyżeczki sosu sojowego
- 1/2 łyżeczki suchej musztardy

PRZYGOTOWANIE

1. Na patelni zrumienić kostki wieprzowe z obu stron na gorącym oleju. Odcedź tłuszcz i przenieś wieprzowinę do garnka o pojemności 3 1/2 do 5 kwart. W misce wymieszaj ananasa, zieloną paprykę, wodę, brązowy cukier, ketchup, tapiokę, sos sojowy i suchą musztardę. Wlać kostki wieprzowe. Przykryj i gotuj na poziomie LOW przez 8 do 10 godzin (lub

HIGH 4 do 5 godzin). Podawać z gorącym ugotowanym ryżem.
2. Serwuje 4-6.

Żeberka Słodko-Kwaśne

SKŁADNIKI

- 3 do 4 funtów żeberka w stylu wiejskim

- 1 (20 uncji) puszka nieodsączonych kawałków ananasa

- 2 (8 uncji) puszki sosu pomidorowego

- 1/2 szklanki cienko pokrojonej cebuli

- 1/2 szklanki grubo pokrojonej zielonej papryki

- 1/2 szklanki upakowanego brązowego cukru

- 1/4 szklanki octu jabłkowego

- 1/4 szklanki koncentratu pomidorowego

- 2 łyżki stołowe. sos Worcestershire

- 1 ząbek czosnku, posiekany

PRZYGOTOWANIE
1. Umieść żeberka w powolnej kuchence. W misce połącz ananasa, sos pomidorowy, cebulę, zieloną paprykę, brązowy cukier, ocet, koncentrat pomidorowy, sos Worcestershire i czosnek. Wlać mieszankę na żeberka w wiejskim stylu; przykryj i gotuj przez 8 do 10 godzin lub do momentu, aż żeberka będą ugotowane i miękkie.
2. Służy od 6 do 8.

Pikantna Bratwurst & Kapusta

SKŁADNIKI

- 1 funt kiełbasy

- 1 duża cebula, posiekana

- 1 mała kapusta głowiasta, grubo posiekana

- 4 średnie ziemniaki, czerwone, okrągłe białe lub inne ziemniaki woskowe, pokrojone w kostkę lub plastry

- 1 puszka (10 3/4 uncji) skondensowanej śmietany z rosołu z ziołami

- 1/2 szklanki galaretki jabłkowej

- 1 łyżka octu winnego lub cydrowego

- 2 łyżeczki kminku

- sól i pieprz do smaku

PRZYGOTOWANIE

1. Umieść kiełbaski na patelni z 2 łyżeczkami oleju roślinnego. Smażyć na średnim ogniu, często obracając, aż kiełbaski się zarumienią.

2. Umieść posiekaną kapustę w powolnej kuchence. Jeśli cała kapusta nie zmieści się w powolnej kuchence, zwiędnij ją przez krótkie gotowanie lub gotowanie na parze. Dodaj cebulę i ziemniaki; ułożyć kiełbasę na wierzchu. Pozostałe składniki wymieszać i zalać całość.
3. Gotuj na niskim poziomie przez 8 do 10 godzin.
4. Serwuje 4.

Szarpana Wieprzowina Tex-Mex

SKŁADNIKI

Sos:

- 1 szklanka gęstego sosu barbecue

- 1 średnia cebula, cienko pokrojona

- 2 puszki (po 4,5 uncji każda) pokrojone w kostkę zielone papryczki chilli

- 3 łyżki chili w proszku

- 1 łyżeczka mielonego kminku

- 1 łyżeczka suszonego oregano

- 1/4 łyżeczki mielonego cynamonu

- 1 pieczeń z łopatki wieprzowej bez kości, 2 1/2 do 3 funtów, przycięta

- 1/2 szklanki posiekanej kolendry

PRZYGOTOWANIE

1. Składniki sosu łączymy w misce. Umieść wieprzowinę w garnku; polej mieszanką sosu wieprzowinę, lekko unosząc mięso, aby sos płynął

pod pieczeń. Przykryj i gotuj na poziomie LOW przez 8 do 10 godzin lub do momentu, gdy wieprzowina będzie bardzo miękka.
2. Wyjmij wieprzowinę na deskę do krojenia i posiekaj lub rozdrobnij widelcem. Jeśli sos jest bardzo płynny, gotuj na kuchence do uzyskania pożądanej gęstości i smaku. Wlej sos do miski lub pozostaw w wolnej kuchence; wymieszać z kolendrą i posiekaną wieprzowiną.
3. Podawać z tortillami z mąki pszennej lub bułkami kanapkowymi.
4. Służy 8.

Kotlety Schabowe Nadziewane Warzywami

SKŁADNIKI

- 4 kotlety schabowe o grubości około jednego cala, odcięte z nadmiaru tłuszczu
- sól i świeżo zmielony czarny pieprz
- 1 puszka (12 do 16 uncji) całych ziaren kukurydzy, odsączonych
- 1/2 zielonej papryki, posiekanej
- 1/2 posiekanej czerwonej lub pomarańczowej papryki
- 1 szklanka suchej bułki tartej przyprawionej ziołami i czosnkiem
- 1/4 szklanki posiekanej cebuli
- 1/2 szklanki niegotowanego przetworzonego ryżu
- 1 puszka (8 uncji) sosu pomidorowego
- 1 łyżeczka chili w proszku
- 1/2 łyżeczki czosnku w proszku

PRZYGOTOWANIE

1. Natnij kieszonkę z boku każdego kotleta schabowego, zaczynając od krawędzi najbliższej kości. Lekko dopraw wnętrze kieszonek solą i pieprzem.
2. W misce połącz odsączoną kukurydzę, posiekaną paprykę, bułkę tartą, posiekaną cebulę i ryż w dużej misce. Nadziać kotlety schabowe odrobiną mieszanki

warzywno-ryżowej. Zapinaj kieszenie drewnianymi wykałaczkami, aby farsz nie wyciekał.
3. Umieść pozostałą mieszankę ryżową w garnku.
4. Ułóż kotlety wieprzowe na mieszance ryżu. Posypać lekko solą i pieprzem.
5. W innej misce połącz sos pomidorowy z chili w proszku i czosnkiem w proszku.
6. Rozłóż trochę sosu pomidorowego na wierzchu każdego kotleta, a następnie polej całość pozostałym sosem pomidorowym. Przykryj garnek i gotuj na poziomie LOW przez 6 do 8 godzin lub do momentu, aż kotlety będą gotowe.
7. Wyjmij kotlety wieprzowe na półmisek i podawaj z wybranymi warzywami oraz pozostałą mieszanką warzyw i ryżu.

Szynka Glazurowana Wino

SKŁADNIKI

- 1/4 szklanki posiekanej cebuli
- 1 łyżka masła
- 1/2 szklanki ketchupu
- 1/3 szklanki wody
- 2 łyżki brązowego cukru
- 2 łyżki octu
- 1 łyżka sosu Worcestershire
- 1/2 łyżeczki soli
- 1/4 łyżeczki pieprzu
- 1 w pełni ugotowany plaster szynki o grubości około 1 cala

PRZYGOTOWANIE

1. W rondelku na małym ogniu stopić masło; dodać cebulę. Podsmaż cebulę do miękkości; dodaj ketchup, wodę, brązowy cukier, ocet, sos Worcestershire, sól i pieprz. Umieść szynkę w naczyniu do pieczenia; polać sosem.
2. Piec w temperaturze 350° przez 30 minut.

Gulasz wołowy z jabłek

SKŁADNIKI

- 1 1/2 do 2 funtów chudego gulaszu wołowego
- 8 marchewek pokrojonych w cienkie plasterki
- 6 średnich ziemniaków, pokrojonych w cienkie plasterki
- 2 jabłka, posiekane
- 2 łyżeczki soli
- 1/2 łyżeczki tymianku
- 1/2 szklanki posiekanej cebuli
- 2 szklanki cydru jabłkowego

PRZYGOTOWANIE

1. Umieść marchewki, ziemniaki i jabłka w Crock Pot. Dodaj mięso i posyp solą, tymiankiem i posiekaną cebulą. Mięso polać cydrem. Przykryj i gotuj na MAŁIM ogniu przez 8 do 10 godzin. Zagęścić soki mieszanką mąki i zimnej wody (około 1 1/2 do 2 łyżek mąki i 2 łyżek wody), gotując na HIGH w wolnej kuchence, aż zgęstnieje (lub przełożyć do dużego garnka na średnim ogniu i ugotować soki, a następnie zgęstnieć.

Jesienny Gulasz Warzywny

SKŁADNIKI

- 1 do 1 1/2 funta chudej wołowiny do duszenia, pokrojonej w 1-calową kostkę

- 1 plaster bekonu pokrojony w kostkę

- 1 szklanka posiekanej cebuli

- 2 szklanki bulionu wołowego

- 1 szklanka cydru jabłkowego

- 1 1/2 funta ziemniaków (około 5 lub 6 średnich ziemniaków), pokrojonych w kostkę

- 2 średnie marchewki, obrane, pokrojone w cienkie plasterki

- 2 żeberka selera, cienko pokrojone

- 1 1/2 szklanki brukwi pokrojonej w kostkę

- 1 liść laurowy

- 1/2 łyżeczki suszonego rozmarynu, pokruszonego

- 1/8 łyżeczki czarnego pieprzu

- 2 łyżki mąki

- 2 łyżki zimnej wody

- 1 łyżka świeżej posiekanej natki pietruszki lub 1 łyżeczka suszonych płatków pietruszki

PRZYGOTOWANIE
1. Smaż boczek, wołowinę i cebulę na dużej patelni na średnim ogniu, aż wołowina się zrumieni, a bekon ugotuje. Do wolnowaru włożyć wołowinę i cebulę z boczkiem, bulionem wołowym, cydrem jabłkowym, ziemniakami, marchewką, selerem, brukwią, liściem laurowym, rozmarynem i pieprzem. Przykryj i gotuj przez 7 do 9 godzin. Połącz mąkę z zimną wodą, aby uzyskać gładką masę. Wmieszaj do mieszanki wołowej, ustaw HIGH i kontynuuj gotowanie przez 15 minut dłużej.
2. Serwuje od 4 do 6.

Podstawowy gulasz wołowy

SKŁADNIKI

- 3 marchewki, pokrojone
- 3 ziemniaki, pokrojone w 1-calowe kawałki
- 2 funty gulaszu wołowego w 1-calowych kostkach
- 1 szklanka bulionu wołowego
- 1 łyżeczka sosu Worcestershire
- 1 ząbek czosnku, posiekany
- 1 liść laurowy
- sól dla smaku
- 1/2 łyżeczki pieprzu
- 1 łyżeczka papryki
- 3 cebule pokrojone w ćwiartki
- 1 żeberko selera, pokrojone

PRZYGOTOWANIE

1. Połącz wszystkie składniki w powolnej kuchence w podanej kolejności. Mieszaj tylko tyle, aby wymieszać wszystkie przyprawy.
2. Przykryj i gotuj na poziomie LOW przez 8 do 10 godzin. (Wysoka 4 do 5 godzin)

3. Wychodzi 6 porcji.

baskijski gulasz z kurczaka

SKŁADNIKI

- 1 łyżka oliwy z oliwek

- 6 plastrów bekonu, pokrojonych w kostkę

- 8 uncji grzybów, pokrojonych w plasterki

- 1 czerwona papryka pokrojona w 1-calowe kwadraty (lub użyj pieczonej czerwonej papryki ze słoika)

- 1 zielona papryka pokrojona w 1-calowe kwadraty

- 1 pęczek zielonej cebuli pokrojonej w 1/2 cala, w tym około połowa zielonej cebuli

- 4 połówki piersi z kurczaka, bez kości, pokrojone na kawałki o wielkości od 1/2 do 1 cala

- 1 puszka (4 uncje) pokrojonych dojrzałych oliwek

- 2 łyżki octu balsamicznego

- 3 łyżki koncentratu pomidorowego

- 1 (14,5 uncji) puszka pomidorów

- 1/4 szklanki bulionu z kurczaka

- 1/2 łyżeczki suszonego mielonego majeranku

- 1/2 łyżeczki soli

- 1/4 łyżeczki pieprzu lub mieszanki czarnego i czerwonego pieprzu

PRZYGOTOWANIE
1. Na dużej patelni rozgrzej oliwę z oliwek; podsmaż boczek aż się zrumieni. Dodaj pieczarki, paprykę i zieloną cebulę i smaż przez 2 minuty. Dodaj ocet i gotuj jeszcze 1 minutę, zbierając przyrumienione kawałki z dna patelni. Odłożyć na bok.
2. Umieść kurczaka w wolnej kuchence o pojemności 3 1/2 kwarty lub większej. Dodaj podsmażony bekon i mieszankę warzyw do garnka, a następnie oliwki. Pozostałe składniki łączymy w misce i mieszamy.
3. Zalej kurczaka i warzywa w powolnej kuchence. Przykryj i gotuj na małym ogniu przez 8 do 10 godzin.
4. Serwuje 4.

gulasz z wołowiny i piwa

SKŁADNIKI

- 2 1/2 funta chudej gulaszowej wołowiny, pokrojonej w 1-calową kostkę
- 1 duża cebula, posiekana
- 2 ząbki czosnku, posiekane
- 3 marchewki pokrojone w 1-calowe plasterki
- 2 żeberka selera pokrojone w 1/2-calowe plastry
- 2 średnie ziemniaki, pokrojone w 1-calową kostkę
- 1 szklanka piwa
- 1 szklanka bulionu wołowego lub całe piwo
- 1 1/2 łyżeczki soli
- 1/2 łyżeczki pieprzu
- 1 łyżeczka oregano
- 2 łyżki koncentratu pomidorowego
- 3 łyżki stopionego masła
- 1/3 szklanki mąki uniwersalnej

PRZYGOTOWANIE

1. We wkładce wolnowaru połącz duszoną wołowinę, cebulę, czosnek, marchewkę, seler, ziemniaki, piwo,

bulion wołowy, sól, pieprz, oregano i koncentrat pomidorowy.
2. Przykryj i gotuj na małym ogniu przez 8 do 10 godzin.
3. Wymieszaj stopione masło z mąką; dodać do gulaszu. Posmakuj i dostosuj przyprawy.
4. Ustaw powolną kuchenkę na wysoką i gotuj, aż zgęstnieje, około 15 do 20 minut.
5.

Serwuje 6.

Gulasz z Wołowiny I Czarnej Fasoli

SKŁADNIKI

- 2 funty chudej mielonej wołowiny, co najmniej 85%
- 2 duże ząbki czosnku, posiekane
- 1 szklanka posiekanej cebuli
- 1 duża (28 uncji) puszka pomidorów, posiekanych
- 1 szklanka grubej salsy
- 1 łyżeczka mielonego kminku
- sól i pieprz do smaku
- 1 puszka Mexicorn, około 11 uncji, odsączona
- 1 (15 uncji) puszka czarnej fasoli, opłukanej i osuszonej
- 1 pęczek zielonej cebuli z 3-calowymi wierzchołkami, cienko pokrojonymi
- 1 łyżka posiekanej świeżej kolendry lub natki pietruszki, opcjonalnie
- tarty ser, guacamole lub kwaśna śmietana do dekoracji

PRZYGOTOWANIE

1. Na dużej patelni zbrązowić mieloną wołowinę z czosnkiem i cebulą; odcedź i przełóż do wolnowaru. Dodaj pomidory, sos picante, kminek, sól i pieprz, kukurydzę i czarną fasolę.
2. Przykryj i gotuj na niskim poziomie przez 6 do 8 godzin lub na wysokim poziomie przez 3 do 4 godzin.

Dodaj zieloną cebulę i kolendrę, jeśli jest używana, podczas ostatnich 30 minut gotowania.
3. Posyp tartym serem, guacamole lub kwaśną śmietaną i podawaj z chipsami tortilla lub chlebem kukurydzianym.
4. Przepis na 6 do 8 porcji.

Gulasz Z Wołowiny I Kurczaka

SKŁADNIKI

- 3 łyżki sosu stekowego

- 2 kostki rosołowe z kurczaka

- 1 łyżeczka. sól

- 1/2 łyżeczki pieprz

- 1 łyżeczka. cukier

- 1/2 c. gorąca woda

- 2 funty udek z kurczaka
- 1 funt chudej duszonej wołowiny, pokrojonej w 1/2-calowe kostki
- 1/2 szklanki posiekanej cebuli
- 2 śr. ziemniaki, obrane i pokrojone w kostkę
- 2 śr. marchew, obrana i pokrojona w cienkie plasterki
- 1 (około 15 uncji) puszka duszonych pomidorów
- 1/4 szklanki mąki

PRZYGOTOWANIE
1. Połącz sos stekowy, kostki bulionowe, sól, pieprz, cukier i gorącą wodę w powolnej kuchence; wymieszać do połączenia składników. Dodaj pozostałe składniki oprócz mąki; delikatnie wymieszać. Przykryć i gotować na LOW przez 7 do 9 godzin; lub na HIGH przez 4 godziny.
2. Po około 5 godzinach gotowania (2 1/2 godziny, jeśli gotujesz na wysokim poziomie), wyjmij kurczaka. Usuń mięso z kurczaka z kości, posiekaj i wróć do garnka; dobrze wymieszaj i dokończ gotowanie.
3. Aby zagęścić sos, zrób gładką pastę z mąki i 1/4 szklanki zimnej wody. Zamieszaj w gulaszu w powolnej kuchence. Przykryj i gotuj na HIGH, aż zgęstnieje.
4. Przepis na 6 do 8 porcji.

Gulasz z wołowiny i zielonego chili

SKŁADNIKI

- 1 1/2 funta okrągły stek, pokrojony w 1-calową kostkę lub chuda duszona wołowina
- 1 łyżka mąki
- 1 cebula, posiekana
- 2 ząbki czosnku, posiekane
- 2 łyżki smalcu lub masła
- 4 lub więcej zielonych papryczek chili, bez pestek, posiekanych (mieszanka, łagodna, ostra, do wyboru)
- 1/2 łyżeczki suszonego oregano
- 1/2 łyżeczki mielonego kminku
- 1 szklanka zmiażdżonego pomidora
- 1/2 szklanki wody lub bulionu
- posiekana świeża kolendra lub natka pietruszki do dekoracji

PRZYGOTOWANIE

1. Oprósz wołowinę mąką. Wołowinę z cebulą i czosnkiem podsmażyć na smalcu lub maśle. Połącz mieszankę w powolnej kuchence z papryczką chili, oregano, kminkiem i pomidorami oraz 1/2 szklanki wody. Przykryj i gotuj na małym ogniu przez 6 do 8 godzin.

2. W razie potrzeby udekoruj kolendrą lub natką pietruszki i podawaj z ciepłymi tortillami z mąki.

Gulasz z wołowiny i fasoli pinto

SKŁADNIKI

- 1 1/2 funta gulaszu wołowego, chudego, pokrojonego na małe kawałki
- 2 łyżki oliwy z oliwek z pierwszego tłoczenia
- 3 łyżki mąki uniwersalnej
- 1 1/2 szklanki posiekanej cebuli
- 3 żeberka selera pokrojone w plastry
- 1 szklanka marchewki, julienne lub pokrojonej w cienkie plasterki
- 1 słodka zielona papryka, posiekana
- 1 słodka czerwona papryka, posiekana
- 1 łyżeczka soli
- 1 łyżeczka przyprawy Cajun
- 1/4 łyżeczki czarnego pieprzu
- 2 puszki (po 15 uncji każda) fasoli pinto, odsączonej i opłukanej
- 1 puszka (10 1/2 uncji) skondensowanego bulionu wołowego, nierozcieńczonego lub domowego bogatego bulionu wołowego
- 2 puszki (14,5 uncji każda) pokrojonych w kostkę pomidorów, nie odsączonych
- 1 szklanka konserwowanych (odsączonych) lub rozmrożonych zamrożonych ziaren kukurydzy, opcjonalnie

PRZYGOTOWANIE

1. Obtocz wołowinę z mąką. Na dużej patelni rozgrzej olej na średnim ogniu. Dodaj wołowinę i cebulę; smażyć, często mieszając, aż się dobrze zrumieni.
2. W wolnej kuchence o pojemności od 4 do 6 litrów połącz seler, marchewkę, zieloną i czerwoną paprykę, przyprawy, fasolę, bulion, pomidory oraz smażoną wołowinę i cebulę.
3. Przykryj i gotuj na HIGH przez 4 do 5 godzin lub na LOW przez 8 do 10 godzin.
4. W razie potrzeby dodaj ziarna kukurydzy na około 1 godzinę przed podaniem.
5. Podawać z gorącym pieczonym chlebem kukurydzianym lub muffinami.
6. Serwuje 6.

Gulasz Z Wołowiny I Ziemniaków

SKŁADNIKI

- 2 do 2 1/2 funta bardzo chudej gulaszowej wołowiny
- 2 łyżki sosu bekonowego, oleju lub tłuszczu piekarskiego
- 2 szklanki posiekanej cebuli
- 1/2 szklanki pokrojonego selera
- 5 dużych ziemniaków, pokrojonych w ósemki
- 4 lub 5 dużych marchewek, pokrojonych w 2-calowe plasterki
- sól i pieprz do smaku
- czosnek w proszku (opcjonalnie)
- 1 puszka (około 10 1/2 uncji) skondensowanej zupy pomidorowej

PRZYGOTOWANIE

Garnek:
1. Brązowa duszona wołowina w sosie z bekonu lub innym tłuszczu. Dodaj posiekaną cebulę i pokrojony w plasterki seler i gotuj do miękkości.
2. Przenieś mieszankę mięsa i cebuli, pozostałe warzywa i przyprawy, zupę i puszkę wody do garnka.
3. Gotuj na LOW 8 do 10 godzin - HIGH 5 do 6 godzin.
4. Od czasu do czasu sprawdzaj i w razie potrzeby dodaj trochę wody.

5. Podawać z chrupiącym pieczywem.

Płyta kuchenna:
1. Mięso duszone na rumiano w sosie z boczku lub tłuszczu piekarskiego. Dodaj posiekaną cebulę i pokrojony w plasterki seler i gotuj do miękkości.
2. Dodaj warzywa i przyprawy.
3. Dodaj zupę i puszkę wody.
4. Gotuj na najmniejszym ogniu przez około 2 1/2 do 3 godzin lub do momentu, aż mięso i warzywa będą miękkie.
5. W razie potrzeby dodaj więcej wody.
6.
Serwuje 9

Gulasz Wołowy Curry

SKŁADNIKI

- 2 łyżki oliwy z oliwek lub oleju roślinnego

- 1 1/2 funta chudej gulaszowej wołowiny lub innej chudej wołowiny, pokrojonej w kostkę

- 1/4 szklanki mąki

- 1 łyżeczka soli

- 1 łyżeczka przyprawy kreolskiej lub cajun

- 1/2 łyżeczki czosnku w proszku

- 2 średnie cebule pokrojone w plasterki

- 1 puszka (14,5 uncji) pokrojonych w kostkę pomidorów, odsączonych

- 3/4 szklanki bulionu wołowego

- 4 łyżeczki curry w proszku lub do smaku

- 1 słoik (około 12 uncji) małej białej cebuli, odsączonej lub zamrożonej cebuli perłowej

PRZYGOTOWANIE

1. Na dużej patelni rozgrzej olej roślinny. W torbie do przechowywania żywności lub płytkiej misce połącz mąkę, sól, przyprawę kreolską i czosnek w proszku; wrzucić wołowinę z mieszanką, a następnie zrumienić na gorącym oleju wraz z pokrojoną w plasterki cebulą. Smaż, mieszając, przez około 4 do 6

minut lub do momentu, aż wołowina się zrumieni, a cebula zmięknie. Przenieś mieszaninę do powolnej kuchenki o pojemności od 4 do 6 kwart. Wlej bulion wołowy na patelnię i zeskrob zrumienione kawałki; zalać wołowinę i cebulę w wolnej kuchence.
2. Dodać pomidory i wymieszać z curry w proszku i małą białą cebulą. Przykryj i gotuj na MAŁIM ogniu przez 8 do 10 godzin.
3. Serwuje 4.

Gulasz Wołowy Z Smakami Curry

SKŁADNIKI

- 1 szklanka małej, całej cebuli, zamrożonej, rozmrożonej lub świeżo obranej
- 1 szklanka pokrojonej w plasterki marchwi
- 5 do 7 średnich czerwonych ziemniaków, około 1 funta, poćwiartowanych
- 2 funty duszonej wołowiny, pokrojonej na 1 1/2-calowe kawałki
- 1 puszka (14,5 uncji) pokrojonych w kostkę pomidorów z sokiem
- 1/2 szklanki soku jabłkowego
- 1 łyżka curry w proszku
- 1/2 łyżeczki soli
- 1/4 łyżeczki pieprzu

PRZYGOTOWANIE

1. W 4 do 5-kwartowym garnku ułóż cebulę, marchewkę i ziemniaki warstwami. Ułóż gulasz wołowy na warzywach. W średniej misce połącz wszystkie pozostałe składniki; dobrze wymieszaj, a następnie zalej wołowinę.
2. Przykryj i gotuj na poziomie LOW przez 8 do 10 godzin.
3. Serwuje 6.

Gulasz Wołowy Z Pieczarkami I Czerwonym Winem

SKŁADNIKI

- 1 1/2 funta gulaszu wołowego
- 1 puszka francuskiej zupy cebulowej
- 1/2 szklanki czerwonego wina, np. obfitego burgunda
- sól dla smaku
- pieprz do smaku
- 4 do 5 ziemniaków pokrojonych w kostkę
- 1 marchewka pokrojona w plasterki
- 12 do 16 uncji świeżych grzybów
- 1 liść laurowy
- mała gałązka świeżego rozmarynu lub szczypta suszonego, pokruszonego
- 1 puszka pokrojonych w kostkę pomidorów
- 3 łyżki mąki wymieszane z taką ilością zimnej wody, aby uzyskać gładką pastę

PRZYGOTOWANIE

1. Połącz pierwsze 10 składników - duszoną wołowinę, zupę cebulową, czerwone wino, sól i pieprz, ziemniaki, marchewkę, grzyby, liść laurowy i rozmaryn. Przykryj i gotuj na niskim poziomie przez 8 do 10 godzin; dodaj pomidory około 45 minut do

godziny przed zakończeniem. Zagęścić mieszaniną mąki i wody około 20 minut przed podaniem, spróbować i dodać więcej soli i pieprzu w razie potrzeby. Gulasz wołowy na 6.

Gulasz Wołowy Z Mieszanką Zupy Cebulowej

SKŁADNIKI

- 1 1/2 funta duszonej wołowiny, chudej, pokrojonej w 1-calową kostkę
- 1 opakowanie mieszanki mięsnej zupy cebulowej Lipton
- 1 1/2 łyżeczki bulionu wołowego w granulkach lub bazie
- 4 średnie ziemniaki pokrojone w kostkę
- 3 marchewki pokrojone w plasterki
- 1 łodyga selera (pokrojona)
- 1 puszka całych pomidorów z sokiem
- 1 ząbek rozgniecionego czosnku
- sól i pieprz do smaku
- 2 łyżki skrobi kukurydzianej zmieszanej z około 1/4 szklanki zimnej wody

PRZYGOTOWANIE

1. Umieść wszystkie składniki w powolnej kuchence na małym ogniu przez 8 do 10 godzin. Posmakuj i dostosuj przyprawy. Dodaj 2 łyżki mąki kukurydzianej wymieszanej z wodą. Ustaw ogień na wysoki i mieszaj, aż zgęstnieje.

Gulasz Wołowiny Z Czerwonego Wina

SKŁADNIKI

- 2 funty duszonej wołowiny, pokrojonej w 1-calową kostkę
- 1 koperta mieszanka zupy cebulowej
- 1/2 szklanki bordowego, wytrawnego czerwonego wina
- 1 puszka zupy krem z grzybów
- 1/4 szklanki tapioki do szybkiego gotowania
-
1 puszka grzybów, cała, (4 uncje)

PRZYGOTOWANIE

1. Połącz wszystkie składniki w wolnej kuchence, mieszając, aby wymieszać. Przykryj i gotuj na poziomie LOW 9 do 11 godzin (około 4 do 6 godzin na trybie HIGH). Podawać z gorącym ugotowanym makaronem lub ryżem.

Gulasz Wołowy Z Czerwonym Winem I Ziołami Pierogi

SKŁADNIKI

- 2 funty chudego gulaszu wołowego lub okrągłego steku, pokrojonego na 1-calowe kawałki
- 4 średnie marchewki, pokrojone w plastry 1/4 cala, około 1 1/2 szklanki
- 2 średnie żeberka selera pokrojone w plasterki, około 1 szklanki
- 2 średnie cebule pokrojone w plasterki
- 1 puszka (14,5 uncji) pokrojonych w kostkę pomidorów z sokiem
- 8 pokrojonych pieczarek
- 3/4 szklanki wytrawnego czerwonego wina lub bulionu wołowego
- 1 1/2 łyżeczki soli lub do smaku, jeśli używany jest bulion wołowy
- 1 łyżeczka suszonych liści tymianku
- 1 łyżeczka suchej musztardy
- 1/4 łyżeczki pieprzu
- 1/4 szklanki wody
- 1/4 szklanki mąki uniwersalnej
- .
- Pierożki ziołowe:
- 1 1/2 szklanki mieszanki do pieczenia (Bisquick)
- 1/2 łyżeczki suszonych liści tymianku

- 1/4 łyżeczki suszonych liści szałwii, pokruszonych
- 1/4 łyżeczki suszonego rozmarynu, pokruszonego
- 1/2 szklanki mleka

PRZYGOTOWANIE
1. W garnku o pojemności 3 1/2 do 6 litrów połącz gulasz wołowy, marchew, seler, cebulę, pomidory, grzyby, bulion z wina lub wołowiny, sól, tymianek, musztardę i pieprz.
2. Przykryj i gotuj na poziomie LOW 8 do 10 godzin (lub HIGH 4 do 5 godzin) lub do momentu, aż warzywa i wołowina będą miękkie.
3. Połącz wodę i mąkę; stopniowo mieszaj z mieszanką wołową.
4. Na ziołowe knedle wymieszaj mieszankę do pieczenia, tymianek, szałwię i rozmaryn. Mieszaj mleko tylko do zwilżenia.

5. Nakładać ciasto łyżką na gorącą mieszankę gulaszu wołowego. Przykryj i gotuj na HIGH przez 25 do 35 minut lub do momentu, aż wykałaczka wbita w środek pierogów wyjdzie czysta.
6. Służy 8.

Gulasz wołowy ze słodkimi ziemniakami

SKŁADNIKI

- 1 1/2 funta chudej gulaszowej wołowiny

- 3 łyżki mąki uniwersalnej

- 1/4 łyżeczki soli

- 1/4 łyżeczki pieprzu

- 1 duża cebula (lub 2 średnie), przekrojona na pół i pokrojona w plastry o grubości 1/4 cala

- 1 łyżka oleju roślinnego

- 1 duży słodki ziemniak, pokrojony w kostkę o boku 1 1/2 cala

- 1/2 szklanki bulionu wołowego (domowego, z puszki lub z bulionu lub bazy)

- 1/4 do 1/2 łyżeczki cynamonu

- 1/2 do 1 szklanki mrożonego groszku lub zielonej fasoli (rozmrożonej)

- sól i pieprz do smaku

PRZYGOTOWANIE

1. Wymieszaj duszoną wołowinę z mąką i po 1/4 łyżeczki soli i pieprzu.

2. Rozgrzej olej roślinny na dużej patelni lub patelni do smażenia; brązowa wołowina i cebula.
3. Umieść kostki słodkich ziemniaków w garnku Crock Pot; dodać wołowinę i cebulę.
4. Wymieszaj bulion wołowy z cynamonem i polej mieszanką wołową.
5. Przykryj i gotuj na niskim poziomie przez 8 do 10 godzin.
6. Dodaj groszek lub zieloną fasolkę podczas ostatnich 15 do 20 minut.
7. Podawać z herbatnikami lub chrupiącym chlebem.
8. Serwuje 4.

Wołowiny Gulasz Z Warzywami

SKŁADNIKI

-
- 1 do 1 1/2 funta. duszona wołowina
- 4 do 5 średnich ziemniaków, obranych i pokrojonych w 1 1/2-calowe kawałki
- 4 marchewki, obrane i pokrojone
- 1 koperta mieszanki suchej zupy cebulowej
- 1 (6 uncji) puszka koncentratu pomidorowego
- 1/2 szklanki wody
- 1/4 łyżeczki. pieprz
- 1/2 łyżeczki. sól przyprawowa
- 1/4 łyżeczki. sucha musztarda
- 1 łyżka. sos Worcestershire
- 1 lub 2 paski boczku, ugotowanego i pokruszonego, lub 1 łyżka kawałków prawdziwego bekonu
- 3 łyżki. brązowy cukier
- 3 szklanki wody
- 1 do 1 1/2 szklanki odsączonego groszku konserwowego lub mrożonego rozmrożonego groszku

PRZYGOTOWANIE
1. Umieść wołowinę w powolnej kuchence lub garnku o pojemności od 3 1/2 do 5 kwart. Dodaj pokrojone ziemniaki i marchewkę.
2. W rondlu umieść wszystkie pozostałe składniki oprócz groszku i podgrzewaj na średnim ogniu, aż się zagotują. Zdjąć z ognia i zalać mięsem i warzywami.
3. Przykryj i gotuj na poziomie LOW przez około 9 do 12 godzin (lub HIGH 5 do 6 godzin). W razie potrzeby dodaj więcej wody.
4. Dodaj groszek około 20 do 30 minut przed gotowaniem gulaszu.

Gulasz wołowy na pracowity dzień Beth

SKŁADNIKI

- 6 dużych ziemniaków, obranych i pokrojonych na kawałki
- 6 dużych marchewek, sparowanych i pokrojonych w 1 1/2 cala
- 1 worek zamrożonej cebuli (ok. 12 uncji), rozmrożonej
- 3 funty mięsa na gulasz, takiego jak karkówka wołowa, pokrojone w kostkę
- 1/3 szklanki sosu sojowego
- 1 łyżeczka papryki
- 1/2 łyżeczki. pieprz
- 3 łyżki mąki uniwersalnej
- 1 puszka (ok. 10 1/2 uncji) skondensowanego bulionu wołowego lub domowego bulionu zagęszczonego
- 1 (8 uncji) puszka sosu pomidorowego
- 1 łyżeczka. sól

PRZYGOTOWANIE
1. Ułóż warstwy ziemniaków, cebuli i marchwi na dnie powolnej kuchenki; posyp mięsem, a następnie posyp sosem sojowym, solą, pieprzem i mąką.
2. Połącz bulion wołowy i sos pomidorowy; polać wszystko.
3. Przykryj i gotuj na poziomie LOW przez 7 do 9 godzin lub 4 godziny na trybie HIGH.
4. Serwuje od 8 do 10.

Przepis na gulasz obozowy

SKŁADNIKI

-

1 1/2 funta mielonej wołowiny

-

1/2 szklanki posiekanej cebuli

-

1 szklanka sosu barbecue

-

1 puszka duszonych pomidorów

- 1 puszka całych ziaren kukurydzy, odsączonych lub około 1 1/2 szklanki mrożonych ziaren kukurydzy

- 2 puszki ziemniaków, odsączonych i pokrojonych w kostkę

PRZYGOTOWANIE
1. Przyrumienić mieloną wołowinę z cebulą, aż przestanie być różowa, a cebula będzie miękka; odcedzić i wymieszać z sosem barbecue. Połącz mieszankę mięsną z pozostałymi składnikami w powolnej kuchence. Przykryj i gotuj na poziomie LOW przez 3 do 5 godzin. Serwuje od 4 do 6.

Carne Guisado

SKŁADNIKI

- 1 funt duszonej wołowiny

- 2 łyżki oleju roślinnego

- 2 łyżki koncentratu pomidorowego, opcjonalnie

- 10 1/2 uncji skondensowanego bulionu wołowego, nierozcieńczonego

- 1/2 łyżeczki mielonego czarnego pieprzu

- 2 ząbki czosnku, zmiażdżone

- 1 łyżeczka chili w proszku

- 1/2 łyżeczki kminku

- 1 lub 2 małe papryczki jalapeno lub serrano, posiekane
- 1/2 szklanki wody
- 2 łyżeczki skrobi kukurydzianej rozpuszczonej w niewielkiej ilości zimnej wody

PRZYGOTOWANIE
1. Mięso obsmażamy na oleju ze wszystkich stron. Odlej nadmiar smaru. Dodaj koncentrat pomidorowy, bulion wołowy, sól i pieprz, czosnek, chili w proszku, kminek, papryczki chilli i wodę. Przełożyć do wkładu wolnowaru.
2. Przykryj i gotuj na małym ogniu przez 8 do 12 godzin lub do momentu, gdy mięso będzie bardzo miękkie.
3. Zwiększyć moc i rozpuścić około 2 łyżeczki skrobi kukurydzianej w małej ilości zimnej wody i powoli wlewać do gotującego się gulaszu, aż płyny zgęstnieją.
4. Podawać z ryżem i ciepłymi tortillami, razem ze smażoną fasolą i dodatkami.
5. Serwuje 4.

Gulasz Z Kurczaka Z Pomidorami I Warzywami

SKŁADNIKI

- 1 kurczak z frytkownicy, pokrojony na porcje
- 1/2 kalafiora podzielonego na kwiatki
- 3 średnie ziemniaki, obrane i pokrojone w kostkę
- 2 marchewki, obrane i pokrojone w plasterki
- 1 mała cukinia, nieobrana, pokrojona w kostkę
- 1 czerwona lub zielona papryka pokrojona w paski
- 2 cebule (med.), pokrojone w plasterki
- 2 żeberka selera pokrojone w plastry o przekątnej 1 cala
- 1 1/2 łyżeczki. sól
- 1/4 łyżeczki. pieprz
- 1 (14,5 uncji) puszka pomidorów
- 2 ząbki czosnku, posiekane
- 1 1/2 szkl. rosół z kurczaka lub bulion
-

1 łyżka. suszony koperek

PRZYGOTOWANIE

1. Umieść kurczaka i warzywa w 4-litrowym naczyniu żaroodpornym. Posypać solą i pieprzem. Dodaj pomidory i płyn pomidorowy. Dodaj czosnek do bulionu z kurczaka i zalej składniki w zapiekance.

Posypać koperkiem. Szczelnie przykryć i piec w piekarniku nagrzanym do 350° przez 2 godziny, mieszając po 1 godzinie. Można również gotować w wolnej kuchence lub garnku, układając warstwy warzyw i kurczaka, na LOW przez około 7 do 9 godzin. Serwuje 4.

Gulasz Z Kurczaka Po Południowo-Zachodnim Stylu

SKŁADNIKI

- 1 opakowanie mrożonych grillowanych pasków piersi z kurczaka, około 2 filiżanek

- 1 średnia cebula, grubo posiekana

- 1 zielona papryka, grubo posiekana

- 1 lub 2 papryczki jalapeno lub inna zielona ostra papryka, posiekana (opcjonalnie)

- 1 puszka (15 uncji) pokrojonych w kostkę pomidorów z sokiem

- 1 puszka (15 uncji) kukurydzy z pełnymi ziarnami, odsączona

- 1 puszka (15 uncji) fasoli pinto, odsączonej i wypłukanej, opcjonalnie

- 1/4 szklanki przetworzonego ryżu

- 1 1/2 szklanki bulionu z kurczaka

- 1/2 łyżeczki kminku

- 1/4 łyżeczki liści oregano

- odrobina pieprzu cayenne według uznania

- sól i pieprz do smaku

- 1 do 2 łyżek mąki kukurydzianej wymieszanej z łyżką zimnej wody

PRZYGOTOWANIE
1. Połącz wszystkie składniki, z wyjątkiem mieszanki mąki kukurydzianej i wody, w powolnej kuchence lub garnku Crock Pot.
2. Przykryj i gotuj na niskim poziomie przez 6 1/2 do 8 godzin lub na wysokim poziomie przez 3 do 3 1/2 godziny.
3. Aby zgęstnieć, dodaj mąkę kukurydzianą i wodę do gulaszu przez ostatnie 10 lub 15 minut.
4. Serwuje 4.

Gulasz Kurczak-Chili

SKŁADNIKI

- 1 do 1 1/2 funta polędwiczek z kurczaka, pokrojonych na 3/4-calowe kawałki (lub użyj piersi bez kości)
- 1 puszka (15 uncji) pokrojonych w kostkę pomidorów, nieodsączonych
- 1 puszka (4 uncje) pokrojonych czarnych oliwek
- 1 puszka (15 uncji) fasoli pinto aromatyzowanej jalapeno
- 1 mieszanka przypraw do taco w kopercie
- 1 szklanka mrożonej kukurydzy
- 1 zielona papryka, grubo posiekana
- 1 średnia cebula, grubo posiekana
- 1 czerwona papryka, grubo posiekana
- 1 łyżka tapioki instant
- 1 łyżeczka bazy z kurczaka lub 1 kostka bulionu z kurczaka
- 1/4 szklanki małego makaronu, takiego jak ditalini lub orzo

PRZYGOTOWANIE

1. Połącz wszystkie składniki; przykryj i gotuj na NISKIM poziomie od 6 do 8 godzin. W razie potrzeby zwiększ moc w ciągu ostatnich 30 minut i dodaj 1/4 szklanki małego makaronu lub podawaj gulasz z ryżem.
2. Serwuje 6.

Klasyczny gulasz wołowy do gotowania na wolnym ogniu

SKŁADNIKI

- 10 małych młodych ziemniaków, przekrojonych na pół, nieobranych

- 12 małych całych białych cebul, obranych, świeżych lub mrożonych, rozmrożonych

- 30 młodych marchewek, 8 uncji

- 1 czerwona lub zielona papryka, bez pestek, pokrojona na 1-calowe kawałki

- 1 1/2 funta gulaszu wołowego, pokrojonego w 1-calową kostkę

- 2 szklanki bulionu wołowego

- 1/2 łyżeczki suszonych liści oregano

- 1/4 łyżeczki papryki

- 1 łyżka świeżej pietruszki, posiekanej lub 1 łyżeczka suszonych płatków pietruszki

- 1 łyżka sosu Worcestershire

- 1/2 łyżeczki soli

- 1/8 łyżeczki pieprzu

- 3 łyżki skrobi kukurydzianej

- 3 łyżki zimnej wody

PRZYGOTOWANIE
1. Umieść ziemniaki, cebulę i młode marchewki w powolnej kuchence. Dodaj paprykę i wołowinę.
2. W małej misce wymieszaj bulion, oregano, paprykę, pietruszkę, sos Worcestershire, sól i pieprz. Polać mięsem i warzywami.
3. Przykryć i gotować na LOW od 9 do 10 godzin.
4. Ustaw garnek na WYSOKI. W małej misce rozpuść skrobię kukurydzianą w wodzie; wymieszać z gotowaną mieszanką gulaszu. Przykryć i gotować na HIGH przez 15 do 20 minut. lub do zgęstnienia, od czasu do czasu mieszając.

Gulasz wołowy Colleen

SKŁADNIKI

- 1 szklanka suszonych pomidorów (nie w oleju)
- 1 1/2 funta. gulasz z chudej wołowiny
- 1 1/2 funta młodych ziemniaków, około 12, przekrojonych na pół lub użyj większych ziemniaków i pokrój na ćwiartki
- 1 średnia cebula pokrojona na 8 klinów lub tuzin małych białych cebul, obranych
- 1 (8 uncji) worek pokrojonych marchewek (około 30 sztuk)
- 2 szklanki wody
- 1 1/2 łyżeczki. sól sezonowana
- 1 liść laurowy
- 1/4 szklanki zimnej wody
- 2 TBS. mąka

PRZYGOTOWANIE

1. Pomidory ponownie nawodnić zgodnie z instrukcją na opakowaniu, odsączyć i grubo posiekać. Połącz nawodnione pomidory, wołowinę, ziemniaki, kliny cebuli, młode marchewki, 2 szklanki wody, przyprawioną sól i liść laurowy w 3 1/2 do 5- kwartowym garnku. Przykryj i gotuj na poziomie LOW przez 8 do 9 godzin lub do momentu, aż

wołowina i warzywa będą miękkie. Wymieszaj pozostałe 1/4 szklanki zimnej wody i mąki, aż będą gładkie; stopniowo wlewać do gorącego gulaszu. Przykryj i kontynuuj gotowanie na HIGH przez około 10 min.
2. lub do lekkiego zgęstnienia. Usuń liść laurowy.

Gulasz Studenta

SKŁADNIKI

- 1/2 funta duszonej wołowiny lub okrągły stek pokrojony w kostkę
- 1 puszka marchewki, odsączonej
- 2 małe ziemniaki pokrojone w ćwiartki
- 4 kostki bulionu wołowego lub granulatu lub bazy o smaku wołowym
- 1 łyżka włoskich ziół
- 2 szklanki wody

PRZYGOTOWANIE

1. Umieść wszystkie składniki w powolnej kuchence/Crock Pot. Dodaj wodę i włącz Crock Pot na LOW na 8 do 9 godzin. W razie potrzeby zagęścić mieszaniną mąki i odrobiną zimnej wody. Posmakuj i dostosuj przyprawy. Podawać z herbatnikami lub chrupiącym chlebem. Wychodzi około 3 do 4 porcji.

Wiejski Gulasz Wołowy

SKŁADNIKI

- 2 funty. gulasz wołowy lub okrągły stek, pokrojony w 1-calową kostkę
- 4 średnie marchewki pokrojone w plasterki
- 3 pokrojone cebule
- 6 ziemniaków, pokrojonych
- 3 żeberka selera pokrojone w plastry
- 28 uncji. puszka całych pomidorów pokrojonych (również sok)
- 1c. woda
- 6 łyżek. szybka w przygotowaniu tapioka
- 3 łyżki. sos Worcestershire
- Pieprz i sól do smaku
- Mielone ziele angielskie, majeranek, tymianek do smaku
- 2 liście laurowe
- 1 (10 uncji) opak. mrożonego groszku, rozmrożonego

PRZYGOTOWANIE

1. Umieść wszystkie składniki oprócz groszku w powolnej kuchence.
2. Przykryj i gotuj na poziomie LOW przez 8 do 10 godzin. Włącz high i dodaj mrożony groszek 30 do 45 minut przed podaniem.

Gulasz Kowbojski

SKŁADNIKI

- 1 funt mielonej wołowiny
- 3/4 szklanki posiekanej cebuli
- 1 posiekana zielona papryka
- 1 puszka (15 uncji) fasoli chili
- 1 puszka (15 uncji) wieprzowiny i fasoli
- 1 puszka (ok. 15 uncji) kremowej kukurydzy
- 2 (8 uncji) puszka sosu pomidorowego

PRZYGOTOWANIE

1. Na patelni zrumienić razem mieloną wołowinę, cebulę i paprykę. Dobrze odcedź. Połącz wszystkie składniki w wolnej kuchence; przykryj i gotuj na LOW przez 6 do 8 godzin.
2. Serwuje 4.

Gulasz Ostrygowy

SKŁADNIKI

- 2 kwarty pełnego mleka

- 1/2 szklanki masła

- 2 litry świeżych ostryg

- 1 1/2 łyżeczki soli

- 2 łyżeczki sosu Worcestershire

PRZYGOTOWANIE
1. Wlej mleko do garnka; podgrzewać na HIGH przez 1 1/2 godziny. W rondlu rozpuść masło; dodać ostrygi z płynem. Dusić na małym ogniu, aż brzegi ostryg się zwijają. Dodaj przyprawy. Połącz z gorącym mlekiem w Crockpot i gotuj na LOW przez około 1 1/2 do 2 godzin, od czasu do czasu mieszając.
2. Serwuje od 8 do 10.

Gulasz z Crockpot Brunszwik

SKŁADNIKI

-
- 1 puszka (14,5 uncji) pokrojonych w kostkę pomidorów
-
- 1 puszka (6 uncji) koncentratu pomidorowego
-
- 3 szklanki pokrojonego w kostkę gotowanego kurczaka
- 1 opakowanie mrożonego sukkotażu lub pokrojonej fasoli okra lub lima (10 uncji), rozmrożonej
- 1 szklanka posiekanej cebuli
- 1 liść laurowy
- 1 łyżeczka soli
- 1/2 łyżeczki suszonego, pokruszonego rozmarynu
- 1/2 łyżeczki pieprzu
- zmielone goździki
- 2 1/2 szklanki bulionu z kurczaka

PRZYGOTOWANIE

1. W powolnej kuchence połącz nieodsączone pomidory i pastę pomidorową. Dodaj kurczaka, mrożony sukotaż lub pokrojoną okrę, cebulę, liść laurowy, sól, rozmaryn, pieprz i goździki. Wymieszaj bulion z kurczaka. Okładka; gotować na małym ogniu

przez 5 do 6 godzin. Przed podaniem wyjąć liść laurowy i wymieszać.
2. Wychodzi 6 porcji.

Gulasz Kostkowy

SKŁADNIKI

-
- 1 łyżka oleju roślinnego
- 1 1/2 funta steku w kostce, pokrojonego na kawałki wielkości kęsa (lub użyj miękkiego okrągłego steku)
- 1 szklanka posiekanej cebuli
- 1 łyżka octu z czerwonego wina lub cydru
- 2 puszki (po 16 uncji każda) małych młodych ziemniaków
- 2 puszki kukurydzy z pełnymi ziarnami, odsączone
- 1 opakowanie mieszanki sosu grzybowego
- 1/4 szklanki wody lub bulionu
- sól i pieprz do smaku

PRZYGOTOWANIE

1. Na patelni na średnim ogniu szybko podsmaż wołowinę i cebulę na gorącym oleju. Przenieś do Garnka; dodaj ocet do patelni i zeskrob zrumienione kawałki szpatułką; dodać do garnka Crock Pot. Dodaj ziemniaki i kukurydzę, a następnie posyp mieszanką sosów; całość zalewamy wodą i mieszamy do

połączenia. Przykryj i gotuj na małym ogniu przez 7 do 9 godzin. Posmakuj i dostosuj przyprawy.
2. Serwuje od 4 do 6.

Łatwy gulasz wołowy

SKŁADNIKI

- 3 średnie ziemniaki pokrojone w kostkę
- 3 średnie marchewki pokrojone w plasterki
- 1 seler naciowy pokrojony w plastry
- 1 szklanka cebuli
- 1 1/2 funta gulaszu wołowego lub okrągłego steku, pokrojonego w 1/2-calowe kostki
- 1/2 szklanki mąki, doprawionej 1 łyżeczką
- sól i 1/4 łyżeczki pieprzu
- 1 łyżka oleju roślinnego
- 1 opakowanie mieszanki przyprawowej do gulaszu
- 1 1/2 szklanki bulionu wołowego
- 1/2 szklanki wody

PRZYGOTOWANIE

1. Do garnka włożyć pokrojoną marchewkę, ziemniaki, seler i cebulę. Duszona wołowina panierowana w sezonowanej mące, zrumieniona na oleju; włożyć do garnka. Dodaj opakowanie przypraw do gulaszu, bulion i wodę. Przykryj i gotuj gulasz wołowy na NISKIM poziomie przez 8 do 10 godzin.
2. Serwuje 6

Rodzinny gulasz wołowy

SKŁADNIKI

- 8 marchewek, pokrojonych w plastry o grubości około 1 cala

- 3 średnie pieczone ziemniaki, pokrojone na kawałki

- 2 duże cebule, grubo posiekane

- 2 do 2 1/2 funta gulaszu wołowego, karkówki lub okrągłego, pokrojonego w 1-calowe kawałki

- 2 łyżki mąki uniwersalnej

- 1/4 łyżeczki świeżo zmielonego czarnego pieprzu

- 1/4 łyżeczki suszonych liści tymianku

- 1/4 łyżeczki suszonych liści bazylii

- 1/4 łyżeczki suszonych liści oregano

- 1 puszka (14,5 uncji) duszonych pomidorów, włoskich sezonowanych lub zwykłych

- 2 łyżeczki sosu Worcestershire

- sól dla smaku

PRZYGOTOWANIE

1. Umieść połowę pokrojonej marchewki, ziemniaków i posiekanej cebuli w garnku; dodać kostki wołowe.
2. Wymieszaj mąkę, pieprz, tymianek, bazylię i oregano; posypać wołowiną.

3. Dodaj pozostałe warzywa, a następnie dodaj duszone pomidory i ich soki. Polewamy sosem Worcestershire.
4. Przykryj i gotuj na poziomie NISKIM od 8 do 10 godzin lub do momentu, aż mięso będzie bardzo miękkie, a warzywa gotowe.
5. Posmakuj i dostosuj przyprawy.

Ulubiony gulasz wołowy

SKŁADNIKI

- 2 funtowe kawałki gulaszu wołowego, pokrojone w 1/2-calowe kostki

- 1 funt małej białej cebuli, świeżej, zamrożonej, rozmrożonej lub ze słoika

- 1 funt ziemniaków, obranych, pokrojonych w ćwiartki

- 4 żeberka selera (pokrojone 1")

- 6 marchewek pokrojonych w kawałki lub około 8 uncji młodych marchewek

- 2 puszki (14,5 uncji każda) pomidorów, pokrojonych w kostkę, odsączyć i zachować sok

- Tapioka błyskawiczna 5 TBL

- 1 TBL brązowego cukru

- 1 liść laurowy

- 2 łyżeczki Kitchen Bouquet lub Gravy Master

PRZYGOTOWANIE

1. Wołowinę doprawiamy solą i pieprzem. Umieść w powolnej kuchence. Dodaj warzywa. Wymieszaj tapiokę, cukier, płyn pomidorowy i bukiet kuchenny. Polać gulaszem. Wymieszaj trochę. Dodaj liść laurowy. Gotuj na niskim poziomie 10-12 godzin;

Wysokie 5-6 godzin. Odstaw na chwilę przed podaniem - trochę zgęstnieje.

Gulasz wieprzowy Franka

SKŁADNIKI

- 2 funty. maślane kotlety wieprzowe, pokrojone w kostkę
- 1 (10 3/4 uncji) puszka kremowej zupy grzybowej o obniżonej zawartości tłuszczu
- 1 (4 uncje) puszka grzybów, łodyg i kawałków, odsączonych
- 1 koperta (około 1 3/8 uncji) mieszanka suszonej zupy cebulowej
- 1/2 szklanki czerwonego wina
- pieprz do smaku
- 1/4 szklanki wody
- 8 do 16 uncji młodych marchewek

PRZYGOTOWANIE

1. Połącz wszystkie składniki w wolnej kuchence; przykryj i gotuj na niskim poziomie przez 8 godzin.
2. Podawać z ryżem lub makaronem.
3. Serwuje od 4 do 6.

gulasz z kurczaka po francusku

SKŁADNIKI

- 1/2 szklanki suchej fasoli granatowej, namoczonej przez noc, gotowanej do miękkości, odsączonej

- 2 szklanki wody

- 4 do 6 piersi z kurczaka, obranych ze skóry, bez kości i pokrojonych na kawałki

- 1 (14,5 uncji) puszka pomidorów

- 1/2 w. cienko pokrojony seler

- 1/2 w. marchew pokrojona w kostkę

- 1/2 w. posiekana cebula

- 1/8 łyżeczki. czosnek w proszku

- 1 mały liść laurowy

- 1/2 łyżeczki. suszona bazylia, pokruszona

- 1/8 łyżeczki. szałwia mielona

- 1/4 łyżeczki. papryka mielona

- 1/2 łyżeczki. suszone liście oregano

- 1 łyżeczka. Błyskawiczny bulion drobiowy w granulkach

PRZYGOTOWANIE

1. Umieść fasolę, 2 szklanki wody i inne składniki w powolnej kuchence/Crock Pot; przykryj i gotuj na

LOW przez 8 do 10 godzin. Wyrzuć liść laurowy przed podaniem.

Niemiecki gulasz wołowy

SKŁADNIKI

- 1 funt okrągłej pieczeni lub steku, przycięty i pokrojony w 1-calową kostkę
- 2 łyżki mąki
- 1/2 łyżeczki soli selerowej
- 1/2 łyżeczki czosnku w proszku
- 1/2 łyżeczki mielonego imbiru
- 1/4 łyżeczki mielonego czarnego pieprzu
- 1 puszka pokrojonych w kostkę pomidorów (14,5 uncji) nieodsączonych
- 1 1/2 szklanki cienko pokrojonej marchwi
- 2 średnie ziemniaki, pokrojone na kawałki
- 1/4 szklanki wytrawnego sherry lub czerwonego wina
- 1/4 szklanki melasy
- 1 szklanka bulionu wołowego, bulionu lub wody

PRZYGOTOWANIE

1. Umieść wołowinę w wolnej kuchence (Crock Pot). W małej misce połącz mąkę, sól selerową, proszek czosnkowy, mielony imbir i pieprz; posypać wołowiną. W średniej misce połącz pomidory, marchewkę, ziemniaki, sherry, melasę i wodę; polać

wołowiną. Gotuj na niskim poziomie przez 6 do 8 godzin.
2. Serwuje 4

Gulasz Hamburgerowy

SKŁADNIKI

- 1 funt chudej mielonej wołowiny, 90% lub mniej
- 3 szklanki pokrojonych ziemniaków
- 1 szklanka posiekanego selera
- 2 szklanki pokrojonej marchewki
- 1 szklanka posiekanej cebuli
- 1 puszka (14,5 uncji) pokrojonych w kostkę pomidorów z sokiem
- 1 puszka (8 uncji) sosu pomidorowego
- 2 łyżeczki włoskiej mieszanki przypraw
- 1 1/2 szklanki mrożonego groszku, rozmrożonego pod bieżącą wodą

PRZYGOTOWANIE

1. Na dużej patelni spryskanej sprayem do gotowania zrumienić mieloną wołowinę. W międzyczasie w powolnej kuchence połącz ziemniaki, seler, marchewkę i cebulę. Łyżką usmażone mięso na warzywach. W małej misce połącz pomidory, sos pomidorowy i włoską przyprawę. Równomiernie

polej sosem mięso. Przykryj i gotuj na poziomie LOW przez 6 do 8 godzin.
2. Dodaj groszek 1 godzinę przed końcem. Dobrze wymieszaj przed podaniem.

Obfity gulasz z fasoli i warzyw

SKŁADNIKI

- 1 funt fasoli, różne, suche

- 2 szklanki V-8 lub soku pomidorowego

- 1/2 szklanki wytrawnego białego wina

- 1/3 szklanki sosu sojowego

- 1/3 szklanki soku jabłkowego lub ananasowego

- bulion warzywny lub woda

- 1/2 szklanki selera, pokrojonego w kostkę

- 1/2 szklanki pasternaku lub rzepy, pokrojonej w kostkę

- 1/2 szklanki marchewki, pokrojonej w kostkę

- 1/2 szklanki pieczarek, pokrojonych w kostkę

- 1 cebula, pokrojona w kostkę

- 1 łyżeczka suszonej bazylii

- 1 łyżeczka natki pietruszki, suszonej

- 1 liść laurowy

- 3 ząbki czosnku, posiekane

- 1 łyżeczka czarny pieprz, mielony

- 1 szklanka ugotowanego ryżu lub makaronu

PRZYGOTOWANIE
1. Posortuj i opłucz fasolę, a następnie mocz przez noc w wodzie. Odcedź fasolę w holenderskim piekarniku lub czajniku; zalać świeżą wodą. Gotować około 1 godziny, do miękkości. Fasolę odcedzamy i wkładamy do garnka. Dodaj sok warzywny, wino, sos sojowy i sok jabłkowy lub ananasowy. Zalać bulionem warzywnym lub wodą; dodana ilość zależy od tego, czy wolisz zupę, czy gęstszy gulasz. Gotuj na wysokim poziomie przez 2 godziny. Dodaj warzywa, zioła i przyprawy i gotuj przez 5 do 6 godzin na niskim poziomie, aż marchew i pasternak będą miękkie.

2. Gdy zmiękną, dodaj ryż lub makaron i gotuj jeszcze przez godzinę.
3. Serwuje 12.

Pożywny gulasz z wołowiny i grzybów

SKŁADNIKI

- 12 do 16 uncji świeżych grzybów, grubo posiekanych
- 3 do 4 średnich ziemniaków, pokrojonych na 1-calowe kawałki
- 1 lub 2 duże marchewki, pokrojone w 1/4-calowe plasterki
- 4 ząbki czosnku, cienko pokrojone
- 1/2 łyżeczki suszonych liści tymianku
- 1 łyżeczka soli
- 1/2 łyżeczki grubo mielonego czarnego pieprzu
- 1/2 szklanki czerwonego wina, można zastąpić bulionem wołowym lub wodą
- 1 opakowanie mieszanki suchego brązowego sosu
- 1 łyżka suszonej mielonej cebuli lub mała posiekana świeża cebula
- 1 funt gulaszu wołowego
- 1 kość do zupy lub gicz wołowa

PRZYGOTOWANIE

1. Umieść ziemniaki, grzyby, marchew, czosnek, sól, pieprz, tymianek i cebulę w wolnym naczyniu, a następnie dodaj czerwone wino. Wymieszać z sosem. Zrumienić mięso na gulasz i kość do zupy. Przenieś do Garnka; połączyć z pozostałymi składnikami.

Przykryj i gotuj na małym ogniu przez 8 do 10 godzin.
2. Przed podaniem usuń mięso z kości.
3. Serwuje 4.

Pożywny gulasz rybny

SKŁADNIKI

- 1 1/2 funta filetów z suma, plamiaka lub flądry pokrojonych na 2-calowe kawałki
- 2 łyżki stopionego masła lub oliwy z oliwek z pierwszego tłoczenia
- 1 średni lub duży ząbek czosnku, posiekany
- 1 duża cebula pokrojona w plasterki
- 1 zielona papryka, pozbawiona nasion i pokrojona na 1-calowe kawałki
- 1 do 2 małych dyni cukinii, pokrojonych w plasterki
- 1 puszka (14,5 uncji) całych pomidorów
- 1/2 łyżeczki suszonych liści bazylii
- 1/2 łyżeczki suszonych liści oregano
- 1 łyżeczka soli
- 1/8 łyżeczki pieprzu
- 1/4 szklanki wytrawnego białego wina
- 4 uncje pokrojonych świeżych grzybów, opcjonalnie
- pietruszka do dekoracji

PRZYGOTOWANIE

1. Połącz wszystkie składniki w crockpot. Delikatnie, ale dokładnie wymieszać. Przykryj i gotuj na ustawieniu HIGH przez 3 1/2 do 5 1/2 godziny.

2. Udekoruj pietruszką. Przepis na 4 do 6 porcji.

Ziołowa Gulasz Wołowy

SKŁADNIKI

- 2 do 2 1/2 funta. chudy gulasz wołowy lub okrągły stek
- 1/4 szklanki mąki
- Sól pieprz
- 6 plastrów bekonu pokrojonych w kostkę
- 2 cebule, posiekane
- 2 szklanki bulionu wołowego
- Odrobina mielonych goździków i gałki muszkatołowej
- 2 łyżki stołowe. ocet winny
- 2 łyżki stołowe. brązowy cukier
- 1 łyżeczka. suszone oregano
- 1 łyżeczka. suszony tymianek
- 4 do 6 uncji małych całych grzybów, opcjonalnie

PRZYGOTOWANIE

1. Wołowinę pokroić w kostkę, obtoczyć w mące wymieszanej z odrobiną soli i pieprzu. Boczek przełożyć na patelnię i smażyć kilka minut. Dodać kostki wołowe i zrumienić ze wszystkich stron. Dodaj cebulę i gotuj przez 2 do 3 minut. Przełożyć do garnka. Wymieszaj bulion wołowy, wodę, przyprawy, ocet, brązowy cukier i przyprawy. Przykryj i gotuj na niskim poziomie przez 8 do 10 godzin. W razie

potrzeby zagęścić soki mieszanką mąki i zimnej wody. Gulasz wołowy podawaj z ziemniakami lub makaronem.
2. Serwuje od 4 do 6.

Gulasz Cielęcy po Węgiersku

SKŁADNIKI

- 2 funty cielęciny bez kości, pokrojonej w 1-calową kostkę
- 3 łyżki mąki
- 2 łyżki masła
- 2 łyżki oleju roślinnego
- 2 cebule, drobno posiekane
- 3 ziemniaki, cienko pokrojone
- 2 cukinie pokrojone w plasterki
- 2 papryki pokrojone w plasterki
- 3 łyżki posiekanej natki pietruszki
- 1 szklanka zielonej fasoli, pokrojonej
- sól i pieprz do smaku
- 1 funt pomidorów pokrojonych w plasterki lub 1 puszka (14,5 uncji) pokrojonych w kostkę pomidorów
-

1 szklanka kwaśnej śmietany

PRZYGOTOWANIE
1. Wrzuć cielęcinę z mąką; podsmażyć na maśle i oleju (jeśli zostanie mąka, odstawić). Dodać cebulę i smażyć, aż się zrumieni, a następnie wymieszać z pozostałą mąką. Umieść ziemniaki na dnie garnka

Crock Pot. Dodaj zrumienione mięso, cebulę i pozostałe składniki oprócz śmietany, układając na wierzchu pomidory. Przykryj i gotuj na małym ogniu przez 6 do 8 godzin. Wymieszaj ze śmietaną, gdy będziesz gotowy do podania.

Irlandzki Gulasz Jagnięcy

SKŁADNIKI

- 2 1/2 funta jagnięciny bez kości, pokrojonej w 1 1/2-calową kostkę
- 2 łyżki oleju roślinnego
- 1 1/2 łyżeczki soli
- 1/2 łyżeczki pieprzu
- 4 rzepy, pokrojone w 1/2-calowe kostki
- 4 marchewki pokrojone w plastry o grubości 1/2 cala
- 2 średnie cebule pokrojone w plasterki
- 4 ziemniaki pokrojone w ćwiartki
- 2 łyżki mąki
-
- 2 łyżki posiekanej natki pietruszki

PRZYGOTOWANIE

1. Mięso podsmażyć na oleju. Umieść wszystkie składniki z wyjątkiem mąki i pietruszki w garnku z mięsem. Dodaj 2 szklanki wody i gotuj na małym ogniu pod przykryciem przez 8 do 10 godzin. Odkryć i włączyć wysokie. Wymieszaj mąkę z 1/4 szklanki wody, aż utworzy pastę; powoli dodawać do gulaszu,

ciągle mieszając, aż lekko zgęstnieje. Wymieszaj z pietruszką i podawaj.

Włoski gulasz z klopsikami

SKŁADNIKI

- 8 do 12 uncji ekstra chudej mielonej wołowiny
- 2 jajka, ubite
- 1/2 szklanki drobnej suchej bułki tartej, przyprawionej po włosku
- 1/4 szklanki mleka
- 2 łyżki startego parmezanu
- 1 łyżeczka soli
- 1/4 łyżeczki pieprzu
- 1/8 łyżeczki czosnku w proszku
- 4 do 6 marchewek; obrane i pokrojone w plastry o grubości około 1/4 cala
- 1 puszka (6 uncji) koncentratu pomidorowego
- 1 szklanka wody
- 1/2 łyżeczki oregano
- 1/2 łyżeczki bazylii
- 1 szklanka bulionu wołowego
- 1 łyżeczka przyprawionej soli
- 16 uncji włoskich warzyw (mrożonych)

PRZYGOTOWANIE

1. Wymieszaj pierwsze 8 składników i uformuj twarde klopsiki; odłożyć na bok. Umieść kawałki marchewki wielkości kęsa na dnie powolnej kuchenki lub garnka i umieść klopsiki na wierzchu.
2. Połącz koncentrat pomidorowy, wodę, oregano, bazylię, bulion wołowy i przyprawioną sól; polać klopsikami.
3. Przykryj i gotuj na poziomie LOW przez 4 do 6 godzin. Dodaj rozmrożone włoskie warzywa i ustaw powolną kuchenkę lub garnek na HIGH. Przykryj i kontynuuj gotowanie na poziomie HIGH przez 1/2 godziny lub do momentu, aż warzywa będą gotowe.
4. Podawać na lub z makaronem lub makaronem.
5. Serwuje 4.

Gulasz wołowy Karen's Slow Cooker

SKŁADNIKI

-
- 3 do 4 średnich marchewek, pokrojonych

-
- 3 do 4 średnich ziemniaków, pokrojonych

- 2 funty karkówki wołowej lub gulaszu, pokrojone w 1-calową kostkę

- 1 szklanka bulionu wołowego

- 1 łyżeczka sosu Worcestershire

- 1 ząbek czosnku

- 1 liść laurowy

- 1 łyżeczka papryki

- cebula do smaku

- 1 seler naciowy pokrojony w plastry

- 1 opakowanie gęstej zupy cebulowej

- 3 łyżki tapioki

- Sól i pieprz do smaku

PRZYGOTOWANIE

1. Umieść wszystkie składniki w wolnej kuchence; wymieszać, aby dobrze się połączyło. Przykryj i gotuj przez 10 godzin na NISKIEJ, 5 do 6 godzin na HIGH.

Gulasz z kurczaka po meksykańsku Kayle

SKŁADNIKI

- 2 funty piersi z kurczaka bez kości, bez skóry, pokrojone na 1-calowe kawałki
- 4 do 5 średnich ziemniaków, obranych i pokrojonych w drobną kostkę
- 1 (ok. 16 uncji) słoik łagodnej salsy
- 1 (4 uncje) puszka zielonej papryczki chilli pokrojonej w kostkę
- 1 (1 1/4 uncji) mieszanka przypraw do taco w kopercie
- 1 (8 uncji) puszka sosu pomidorowego

PRZYGOTOWANIE
1. Połącz wszystkie składniki w powolnej kuchence.
2. Przykryj i gotuj na małym ogniu przez 7 do 9 godzin.
3. Podawać z ciepłymi tortillami z mąki pszennej.

Gulasz wołowy Kim's Crockpot

SKŁADNIKI

- 1 1/2 funta gulaszu lub wołowiny okrągłej pokrojonej w 1-calową kostkę

- 4 puszki (10 3/4 uncji każda) skondensowanej śmietany zupy grzybowej

- 1 puszka (4 uncje) pokrojonych grzybów

- odrobina mielonego imbiru

- 5 ząbków czosnku, grubo posiekanych

- 1/2 łyżeczki suszonych liści oregano

- 1/2 łyżeczki suszonych liści bazylii

- 1/2 łyżeczki cebuli w proszku

- sól i pieprz do smaku

- 1/4 szklanki wody

PRZYGOTOWANIE

1. Połącz wszystkie składniki w garnku; przykryj i gotuj na wolnym ogniu przez 7 do 9 godzin. Jeśli chcesz gęstszy sos, dodaj trochę pasty ze skrobi kukurydzianej lub mąki podczas łączenia składników. Podawaj z gorącym ugotowanym makaronem jajecznym lub ryżem. Możesz dodać

ziemniaki, marchewkę i poeksperymentować z przyprawami. Serwuje 6.

Gulasz Z Jagnięciny I Warzyw

SKŁADNIKI

- 2 funty gulaszu jagnięcego lub pokrojonej w kostkę chudej jagnięciny bez kości
- 2 średnie pomidory, obrane i pozbawione nasion, posiekane
- 1 mały letni kabaczek
- 1 mała cukinia
- 2 do 3 średnich ziemniaków
- 1 puszka pieczarek pokrojonych w plasterki
- 1/2 szklanki posiekanej papryki
- 1 szklanka posiekanej cebuli
- 2 łyżeczki soli
- 1 ząbek czosnku, rozgnieciony
- 1/2 łyżeczki listków tymianku
- 1 liść laurowy
- 2 szklanki bulionu z kurczaka
- 2 łyżki masła
- 2 łyżki mąki

PRZYGOTOWANIE
1. Pokrój letnią dynię i cukinię. Ziemniaki pokroić w kostkę.
2. Umieść jagnięcinę i warzywa w powolnej kuchence. Wymieszaj sól, czosnek, tymianek i liść laurowy w bulionie; zalać jagnięciną i warzywami. Przykryj i gotuj na wolnym ogniu przez 8 do 9 godzin, aż jagnięcina i warzywa będą miękkie.
3. Ustaw wysokie ustawienie. Mąkę i masło wymieszać razem. Wrzuć małe kawałki do gulaszu i gotuj, często mieszając, aż zgęstnieje.
4. Podawaj z gorącym ugotowanym makaronem lub ryżem.
5. Służy 8.

Gulasz jagnięcy

SKŁADNIKI

- 2 1/2 szklanki bulionu z kurczaka

- 3 marchewki, oskrobane i pokrojone w cienkie plasterki

- 2 cebule, cienko pokrojone

- 1 funt ziemniaków, obranych i pokrojonych w cienkie plasterki, około 5 średnich ziemniaków

- 2 funty kawałków karku jagnięcego lub kotletów z łopatki, przyciętych

- 1/8 łyżeczki soli

- 1/8 łyżeczki pieprzu

- drobno posiekana natka pietruszki do dekoracji

PRZYGOTOWANIE

1. Wlej bulion z kurczaka do rondla i zagotuj. Umieść wszystkie warzywa w garnku; ułóż jagnięcinę na wierzchu.

2. Dodać wrzący bulion i dodać sól i pieprz do smaku.
3. Przykryj i gotuj przez 3 1/2 do 4 1/2 godziny na HIGH lub 7 do 9 godzin na LOW.
4. Posyp pietruszką gulasz i podawaj na gorąco z grubym, chrupiącym chlebem.
5.

Serwuje 4

Gulasz Lisy z wołowiną i taco

SKŁADNIKI

- 2 funty. pieczeń wołowa lub chuda duszona wołowina
- 1 koperta przyprawy do taco
- 1 puszka (14,5 uncji) pokrojonych w kostkę pomidorów po meksykańsku
- 1 mała puszka zielonej papryczki chilli
- 1 puszka sosu pomidorowego
- 1/2 szklanki posiekanej cebuli
- dwie kostki bulionu wołowego lub równoważny granulat lub podstawa
- 2 puszki (15 uncji każda) czerwonej fasoli; wypłukane i osuszone
- Rozdrobniony ser cheddar

PRZYGOTOWANIE

1. Pokrój wołowinę w 1/2-calowe kostki. Wymieszaj z przyprawą do taco i dodaj do powolnej kuchenki. Dodaj pomidory, papryczki chilli, sos pomidorowy, cebulę i kostki bulionowe. Przykryj i gotuj na niskim poziomie przez 6 do 9 godzin lub do momentu, aż

wołowina będzie miękka. Dodaj odsączoną fasolę i gotuj, aż fasola się rozgrzeje; około 30 minut. Podawać posypane startym serem i innymi dodatkami według uznania.

Gulasz Z Kurczaka Mamy

SKŁADNIKI

- 1 funt piersi i/lub udek z kurczaka bez kości, bez skóry, pokrojony na kawałki wielkości kęsa
- 3 szklanki bulionu z kurczaka
- 1 szklanka zamrożonej małej cebuli w całości
- 1 filiżanka pokrojonego selera
- 1 szklanka cienko pokrojonej marchwi
- 1 łyżeczka papryki
- 1/2 łyżeczki soli
- 1 łyżeczka przyprawy do drobiu
- 1/2 łyżeczki pieprzu
- 2 szklanki pokrojonych w plastry lub połówki pieczarek
- 1 puszka (6 uncji) koncentratu pomidorowego
- 1/4 szklanki wody
- 3 łyżki skrobi kukurydzianej
- 2 szklanki mrożonego zielonego groszku

PRZYGOTOWANIE

1. Połącz pierwsze 11 składników w dużej wolnej kuchence. Przykryj i gotuj na poziomie HIGH przez 3 do 4 godzin lub do momentu, aż warzywa będą miękkie. Połącz wodę i skrobię kukurydzianą w

małej misce, mieszając, aż będzie gładka i dobrze wymieszana. Dodaj mieszankę skrobi kukurydzianej i mrożony groszek do powolnej kuchenki; mieszać do zmiksowania. Przykryć i gotować na HIGH przez 30 minut dłużej.
2. Służy od 6 do 8.

Gulasz z klopsikami Marti

SKŁADNIKI

- 1 funt chudej mielonej wołowiny
- 1/4 łyżeczki czosnek w proszku
- sól i pieprz
- kilka gałązek natki pietruszki posiekanej lub 1 łyżeczka suszonych płatków pietruszki
- 1/4 łyżeczki. Majeranek
- 1/4 łyżeczki. bazylia
- 1 jajko
- 1/2 szklanki miękkiej bułki tartej
- 1 do 2 łyżek oleju
- 4 małe marchewki, obrane i pokrojone w kostkę
- 3 ziemniaki, obrane i pokrojone w kostkę
- 1 cebula, posiekana
- 1 funt zielonej fasoli, pokrojonej na kawałki o długości 1 1/2 cala
- 1 puszka (1 funt) duszonych pomidorów
- 1 szklanka wody

PRZYGOTOWANIE
1. Wymieszaj wołowinę, czosnek w proszku, 1 łyżeczkę soli, pietruszkę, zioła, jajko i bułkę tartą. Uformuj wołowinę w 12 klopsików i zrumień ze wszystkich stron na patelni w gorącym oleju (lub piecz w piekarniku przez 20 do 30 minut). Umieść marchewki, ziemniaki, cebulę i zieloną fasolkę w powolnej kuchence. Posypać solą i pieprzem. Dodaj klopsiki. Wymieszaj pomidory i wodę; polać po wierzchu. Przykryj i gotuj na małym ogniu przez 6 do 8 godzin.
2. Wychodzi 6 porcji.

Gulasz Śródziemnomorski

SKŁADNIKI

-
- 2 1/2 do 3 funtów chudej gulaszowej wołowiny
- 1 funt małej białej cebuli, obranej lub zamrożonej, rozmrożonej
- 3 ząbki czosnku, posiekane
- 1 duża puszka (28 uncji) puszka pokrojonych w kostkę pomidorów
- 1/2 szklanki bulionu wołowego
- 1 puszka (6 uncji) koncentratu pomidorowego
- 2 łyżki octu z czerwonego wina
- 2 łyżeczki suszonego oregano
- Po 1/2 łyżeczki soli i pieprzu
- 1/2 szklanki mąki uniwersalnej
- 1/2 szklanki zimnej wody
- 1 słodka zielona papryka, posiekana
- 2 łyżki stołowe. posiekana świeża natka pietruszki, opcjonalnie
- tarty ser, opcjonalnie

PRZYGOTOWANIE

1. Przytnij wołowinę i pokrój w 1-calową kostkę. Włóż mięso i cebulę do wolnowaru wraz z czosnkiem i pomidorami. Połącz bulion wołowy, ocet, oregano,

sól i pieprz; dodać do wolnej kuchenki, delikatnie mieszając, aby się połączyło. Gotuj na niskim poziomie przez 8-9 godzin lub na wysokim poziomie przez 6 godzin. Mąkę i zimną wodę mieszamy na gładką masę. Dodaj do gorącej mieszanki gulaszowej i dodaj posiekaną zieloną paprykę. Gotuj na wysokim poziomie przez 15 do 25 minut lub do zgęstnienia.
2. W razie potrzeby posyp porcje posiekaną natką pietruszki i odrobiną startego sera.

Gulasz Warzyw Śródziemnomorskich

SKŁADNIKI

- 1 średni bakłażan, posiekany
- 2 posiekane cukinie
- 1 czerwona lub zielona papryka lub połówka każdego koloru, pozbawiona nasion, pokrojona w kostkę
- 1/2 szklanki posiekanej cebuli
- 3 duże posiekane pomidory lub 1 puszka pomidorów pokrojonych w kostkę
- 1 łyżka koncentratu pomidorowego
- 2 puszki fasoli garbanzo (14 uncji każda), odsączone i wypłukane
- 1 puszka serc karczochów w wodzie (14 uncji), odsączonych i pokrojonych na ćwiartki
- 1 1/2 łyżeczki suszonych liści oregano
- świeżo zmielony czarny pieprz
- sól
- zmiażdżone płatki czerwonej papryki, do smaku
-
1 opakowanie makaronu jajecznego, ugotowanego

PRZYGOTOWANIE

1. Połącz wszystkie składniki oprócz makaronu w wolnej kuchence i dobrze wymieszaj. (Czasami

dodaję również łyżkę koncentratu pomidorowego, aby uzyskać gęstszy gulasz.) Gotuj na poziomie LOW przez 7 do 9 godzin. Podawać z gorącym ugotowanym makaronem.

Gulasz wołowy Ness

SKŁADNIKI

- 1 funt gulasz wołowy lub okrągły stek, pokrojony w 1-calową kostkę
- 1 puszka skondensowanej zupy pomidorowej, około 10 1/2 uncji
- 1 łyżka koncentratu pomidorowego
- 1/2 szklanki wody
- 1 łyżka stołowa Gravy Master lub Kitchen Bouquet
- 2 do 3 średnich ziemniaków pokrojonych w kostkę
- 3 średnie marchewki, obrane i pokrojone w kostkę
- 1/4 szklanki posiekanej cebuli
- 1/2 łyżeczki przyprawionej soli
- 1/2 łyżeczki czarnego pieprzu
- 1 szklanka mrożonego groszku (dodać przed podaniem)

PRZYGOTOWANIE

1. Połącz gulasz wołowy, zupę pomidorową, koncentrat pomidorowy, wodę, Gravy Master, ziemniaki, marchewkę, cebulę, przyprawioną sól i pieprz w garnku. Przykryj i gotuj na poziomie LOW przez około 8 do 10 godzin. Dodaj groszek na ostatnie 30 minut. Możesz również dodać inne warzywa, jeśli są dostępne.
2. To jest NAPRAWDĘ dobre z knedlami Bisquick na wierzchu. Postępuj zgodnie z przepisem na

opakowaniu Bisquick i ułóż knedle na wierzchu gorącego gulaszu wołowego, przykryj pokrywką, ustaw HIGH i gotuj przez kolejne 1/2 godziny lub do momentu, aż kluski się ugotują.
3. Pasuje również do wszelkiego rodzaju gorących bułek.

Staroświecki Gulasz Wołowy Z Ziemniakami

SKŁADNIKI

- 2 łyżki stołowe. olej roślinny

- 3/4 szklanki mąki

- 1 łyżeczka czosnku w proszku

- 1 1/2 łyżeczki papryki, podzielonej

- 2 funty chudej gulaszowej wołowiny

- 1 cebula pokrojona w ćwiartki

- 1 ząbek czosnku, posiekany

- 2 szklanki bulionu wołowego lub bulionu o niskiej zawartości sodu

- 1 łyżeczka. sól lub do smaku

- 1 łyżka. sok cytrynowy

- 1 łyżeczka. cukier

- 1 łyżeczka. sos Worcestershire

- 1/2 łyżeczki. pieprz

- 2 liście laurowe

- 6 marchewek, pokrojonych na kawałki

- 6 med. ziemniaki, pokrojone na kawałki

- 1/3 szklanki zimnej wody zmieszanej z 3 łyżkami mąki

PRZYGOTOWANIE

1. Połącz mąkę, 1 łyżeczkę papryki i sproszkowanego czosnku w torbie do przechowywania żywności; dodaj gulasz wołowy i wrzuć do sierści.
2. Wołowina w brązowej panierce na gorącym oleju na dużej patelni; przenieść do Crockpota.
3. Dodaj cebulę, czosnek, bulion, sól, sok z cytryny, cukier, sos Worcestershire, 1/2 łyżeczki papryki, pieprz, liście laurowe, marchewkę i ziemniaki.
4. Gotuj na małym ogniu przez 8 do 10 godzin, aż warzywa będą miękkie.
5. Około 30 minut przed podaniem wsyp mąkę do garnka. Zwiększ moc i gotuj, aż zgęstnieje.
6.
   Służy od 6 do 8.

Staromodny Gulasz Warzywny Warzyw

SKŁADNIKI

- 1 1/2 do 2 funtów duszonej wołowiny, pokrojonej w 1/2 do 1-calowej kostki

- 2 do 3 średnich ziemniaków pokrojonych w kostkę

- 1 średnia rzepa pokrojona w kostkę

- 1 szklanka pokrojonej w plasterki marchwi

- 1/2 szklanki posiekanej cebuli

- 1/4 do 1/2 szklanki pokrojonego selera

- 1/2 do 1 szklanki pokrojonych grzybów

- 1/2 szklanki fasoli maślanej lub fasoli lima

- 1 puszka (10 1/2 uncji) skondensowanego bulionu wołowego

- 1/4 szklanki czerwonego wina

- 1/2 łyżeczki soli

- 1/4 łyżeczki pieprzu

- szczypta tymianku

- 3 łyżki mąki wymieszane z 1/4 szklanki wody

- 1/2 szklanki mrożonych mieszanych warzyw, kukurydzy lub groszku, opcjonalnie

PRZYGOTOWANIE
1. W wolnej kuchence połącz wołowinę, ziemniaki, rzepę, marchew, cebulę, seler, grzyby, fasolę maślaną, bulion wołowy, wino, sól i pieprz. Przykryj i gotuj na poziomie LOW przez 9 do 12 godzin lub na poziomie HIGH przez 5 do 6 godzin. Dodaj tymianek i mrożone mieszane warzywa, kukurydzę lub groszek, rozmrożony, jeśli używasz. Wlej płyny do średniego rondla i gotuj na wolnym ogniu, aby nieco zredukować. Jeśli chcesz, usuń nadmiar tłuszczu. Dodaj mieszaninę mąki i wody i gotuj na wolnym ogniu, aż zgęstnieje.
2. Dodaj z powrotem do warzyw i kontynuuj gotowanie na NISKIEJ mocy do czasu podania.
3. Serwuje 6.

Staromodny gulasz z klopsikami

SKŁADNIKI

-
- 2 łyżki posiekanej suszonej cebuli
- 1/2 szklanki drobnej suchej bułki tartej, zwykłej lub sezonowanej
- 1 łyżeczka sosu Worcestershire
- 2 jajka, lekko ubite
- sól i pieprz, około 1/4 łyżeczki. każdy lub do smaku
- 1 1/2 do 2 funtów mielonej wołowiny
- 2 łyżki oleju roślinnego
- 4 do 5 średnich czerwonych ziemniaków, obranych i pokrojonych w kostkę
- 1 lub 2 marchewki, pokrojone w plastry o grubości około 1/2 cala
- 2 żeberka selera, posiekane lub 1 1/2 łyżki suszonych płatków selera
- 1 średnia cebula, grubo posiekana
- 1 puszka (10 uncji) kremu z zupy grzybowej (można użyć Healthy Request lub innej niskotłuszczowej)
-
- 1 puszka (10 uncji) zupy pomidorowej

PRZYGOTOWANIE

1. Jajka wymieszać z suszoną cebulą, bułką tartą, sosem Worcester oraz solą i pieprzem. Wrzuć mięso i dokładnie wymieszaj. Rozgrzej olej na średnim ogniu na dużej patelni. Uformuj mieszankę mięsną w klopsiki o średnicy około 1 1/2 do 2 cali; smażymy z każdej strony na gorącym oleju. Gdy klopsiki się brązowieją, umieść ziemniaki, marchewkę i seler w garnku (3 1/2 kwarty lub większym). Łyżką cedzakową lub szpatułką układamy na warzywach zarumienione klopsiki.
2. Szybko zrumienić cebulę i dodać do garnka. Zalej wszystko zupami; przykryj i gotuj na niskim poziomie przez 7 do 9 godzin (3 1/2 do 5 na wysokim poziomie). Spróbuj i dopraw do smaku przed podaniem.
3. Serwuje od 4 do 6.

Gulasz wołowy po pakistańsku

SKŁADNIKI

- 8 łyżek oleju roślinnego

- 20 całych czarnych ziaren pieprzu

- 6 całych goździków

- 2 całe liście laurowe

- 6 całych strąków kardamonu

- 2 średnie cebule, drobno posiekane

- 6 ząbków czosnku, drobno posiekanych

- 1 korzeń imbiru, 1-calowa kostka, drobno posiekany

- 2 funty wołowiny, pokrojonej w kostkę, (1")

- 1 łyżeczka nasion kminku

- 1/2 łyżeczki cayenne, opcjonalnie

- 1 łyżeczka nasion kolendry, zmielonej

- 2 łyżeczki soli

- 5 łyżek jogurtu, ubitego

- 2 funty posiekanego szpinaku, świeżego lub mrożonego
- 1 łyżeczka kardamonu (tylko nasiona)
- 1/2 szklanki całych ziaren czarnego pieprzu
- 1/3 szklanki nasion kminku
- 1/4 szklanki nasion kolendry
- 3 laski cynamonu o długości 3 cali
- 6 goździków

PRZYGOTOWANIE

1. To jest pikantne, ale nie „ostre" (zwróć uwagę, że jedyna „ostra" przyprawa, cayenne, jest opcjonalna...) i inna zmiana tempa niż codzienny gulasz wołowy. Zamiast wołowiny można również użyć jagnięciny.
2. Umieść imbir, cebulę i czosnek w pojemniku blendera i zmiksuj na pastę, w razie potrzeby dodając łyżkę wody. Odłożyć na bok. Umieść ziarna pieprzu, goździki, liście laurowe i strąki kardamonu w jednej misce.

3. Umieść mielony kminek, mieloną kolendrę, cayenne i 1 łyżeczkę soli w innej misce. Jogurt przełożyć do innej miski. Umyj, posiekaj i odsącz świeży szpinak, przygotuj go do dodania do potrawy. (Lub rozmrozić zamrożony szpinak.) Wsyp pozostałą łyżeczkę soli do innej miski.
4. Teraz rozgrzej olej roślinny w dużym holenderskim piekarniku. Gdy będzie gorący, włożyć ziarna pieprzu, goździki, liście laurowe i strąki kardamonu. Mieszaj przez sekundę. Teraz włóż cebulę, czosnek i imbir. Mieszaj i smaż, aż na cieście pojawią się brązowe plamki. Dodaj mielony kminek, mieloną kolendrę, cayenne i 1 łyżeczkę soli. Mieszamy, po czym dodajemy mięso. Mieszamy i smażymy przez minutę. Następnie dodawać po 1 łyżeczce jogurtu, aż jogurt zostanie dokładnie wymieszany z pozostałymi składnikami. Smażyć dalej, aż mięso będzie lekko rumiane. Dodaj szpinak, kawałek po kawałku, mieszając więcej, gdy szpinak na patelni zwiędnie. Mieszaj i gotuj, aż szpinak całkowicie zwiędnie. Powinien oddać soki, ugotować mięso.
5. Teraz włóż całą mieszankę do powolnej kuchenki/Crock Pot i gotuj przez 6-8 godzin na wysokiej mocy lub 8-10 godzin na niskiej mocy, aż mięso będzie miękkie.
6. Po tym czasie posyp mięso garam masala (instrukcje poniżej) i zamieszaj, a następnie gotuj jeszcze przez około 5 minut. Jeśli płynu jest za dużo, gotuj bez przykrycia przez 5-10 minut, aż sos zgęstnieje.
7. Serwuje 6.

To jest zwykle podawane z podpłomykiem, ale jest dobre z ryżem lub makaronem.

Do Garam Masali

1. Połącz wszystkie składniki i zmiel bardzo drobno, używając blendera lub młynka do kawy. Przechowywać w szczelnie zamkniętym pojemniku razem z innymi przyprawami.

Gulasz z wędzonej kiełbasy Paula

SKŁADNIKI

- 1 funt wędzonej kiełbasy w 1/2-calowych plasterkach
- 3 do 4 średnich ziemniaków, pokrojonych w 1-calową kostkę
- 1 (15 uncji) puszka zielonego groszku, nieodsączona
- 1 (14,5 uncji) puszka pokrojonych pomidorów, nieodsączonych (można użyć zwykłego, włoskiego z przyprawami itp.)
- 2 kostki bulionu wołowego
- 2 łyżki suszonej mielonej cebuli
-

1 1/2 szklanki wody

PRZYGOTOWANIE

1. Połącz wszystkie składniki w wolnej kuchence; przykryj i gotuj na wolnym ogniu przez 5 do 6 godzin.

Doskonały gulasz wołowy

SKŁADNIKI

- 3 plastry grubego boczku, posiekane
- 1/4 szklanki mąki uniwersalnej
- 1 łyżeczka soli
- 1/2 łyżeczki świeżo zmielonego pieprzu
- 2 funty chudego mięsa wołowego na gulasz, okrągłego lub karkówki
- 8 uncji pieczarek lub małych pieczarek portobello, oczyszczonych i pokrojonych w grube plastry lub połówki
- 1 średnia marchewka, obrana, pokrojona w cienkie plasterki
- 1 1/2 szklanki mrożonej cebuli perłowej, rozmrożonej
- 1 łyżeczka mielonego czosnku
- 1/2 szklanki wytrawnego czerwonego wina, takiego jak cabernet sauvignon lub pinot noir
- 1 1/2 szklanki bulionu wołowego
- 2 łyżki koncentratu pomidorowego
- 1/2 łyżeczki suszonych liści tymianku
- 1/2 łyżeczki suszonych liści rozmarynu

PRZYGOTOWANIE

1. Na dużej patelni lub patelni sauté na średnim ogniu podsmaż pokrojony w kostkę bekon, aż będzie

prawie chrupiący i wytopi się tłuszcz. Łyżką cedzakową przełóż boczek na ręczniki papierowe i pozostaw na patelni 1 łyżkę smalcu. Schłodzić boczek; zostanie dodany do gulaszu pod koniec czasu gotowania.
2. W torbie do przechowywania żywności wymieszaj mąkę, sól i pieprz. Dodaj kawałki wołowiny i wymieszaj, aby pokryły się mieszanką mąki.
3. Smaż wołowinę w sosie bekonowym na średnim ogniu, ciągle mieszając, aż wołowina ładnie się zarumieni ze wszystkich stron.
4. Przenieś wołowinę do wkładu na naczynia powolnej kuchenki. Na wierzchu ułóż pieczarki, cienko pokrojoną marchewkę i rozmrożoną cebulę.
5. Połącz wino, bulion wołowy, koncentrat pomidorowy i czosnek. Zalać wołowiną i warzywami. Przykryj i gotuj na poziomie LOW przez 8 do 9 godzin lub na poziomie HIGH przez 4 do 5 godzin.
6. Wmieszaj tymianek, rozmaryn i zarezerwowany boczek. Kontynuuj gotowanie na HIGH, bez przykrycia, przez 15 minut dłużej.
7.

Serwuje od 4 do 6.

Gulasz Wieprzowy I Zielonego Chile

SKŁADNIKI

- 2 do 2 1/2 funta gulaszu wieprzowego lub chudej wieprzowiny, pokrojonej w 1-calową kostkę
- 1/4 szklanki mąki
- 1 łyżeczka kminku
- 1/4 łyżeczki przyprawionej papryki
- 1 łyżeczka soli
- 1 łyżeczka mielonej szałwii
- 3 łyżki oleju
- 3 łyżki octu
- 2 duże cebule, grubo posiekane
- 2 puszki małych całych młodych ziemniaków, odsączonych
- 2 lub 3 zielone papryczki chilli (takie jak Anaheim lub inne), pokrojone w kostkę lub 1 puszka (4 uncje)
- 2 szklanki salsy pomidorowej (salsa verde)
- 1 puszka bulionu drobiowego o obniżonej zawartości sodu
- 1 łyżeczka brązowego cukru

PRZYGOTOWANIE
1. Umieść mąkę, kminek, pieprz, sól i szałwię w plastikowej torbie do przechowywania; dodaj kostki wieprzowe i potrząśnij, aby dokładnie się pokryły. Partiami zarumieniona wieprzowina w gorącym oleju; wyjąć, gdy się zarumienią i odstawić. Przy wciąż włączonym ogniu dodaj ocet do patelni, zeskrobując brązowe kawałki (ocet zredukuje się). Umieść cebulę, papryczki chilli, ziemniaki, salsę, bulion z kurczaka, brązowy cukier, wieprzowinę i zeskrobane kawałki z patelni w 5-kwartowej wolnej kuchence.
2. Mieszaj i gotuj pod przykryciem na niskim poziomie od 8 do 12 godzin lub na wysokim poziomie od 4 do 6 godzin. Rozgnieciłam kilka ziemniaków, aby je zagęścić. Pyszne ze świeżo upieczonym chlebem kukurydzianym!
3. Serwuje 6.

Gulasz Z Wieprzowiny I Kapusty Kiszonej

SKŁADNIKI

- 1 szklanka posiekanej cebuli
- 2 łyżki masła
- 3 małe ząbki czosnku, posiekane
- 1 łyżeczka kminku
- 2 łyżki papryki
- 2 funty łopatki wieprzowej bez kości, pokrojonej na 1-calowe kawałki
- 1 łyżeczka soli
- 3 szklanki kiszonej kapusty, opłukanej i odsączonej
- 1 łyżka mąki
- 2 szklanki kwaśnej śmietany

PRZYGOTOWANIE

1. Połącz wszystkie składniki oprócz mąki i kwaśnej śmietany, dodając 1/2 szklanki wody. Gotuj na niskim poziomie, pod przykryciem, przez 8 do 10

godzin. Odkryć i włączyć wysokie. Wymieszaj mąkę ze śmietaną, aż będzie gładka; dodać do gulaszu i gotować dalej przez 10 minut, aż zgęstnieje i dokładnie się podgrzeje.
2. Podawać z makaronem posmarowanym masłem.

Schabowy Gulasz Z Kapustą

SKŁADNIKI

- 6 kotletów schabowych

- 4 łyżki mąki, podzielone

- 2 łyżki oliwy z oliwek lub rzepaku

- 4 średnie ziemniaki, czerwone lub Yukon gold, pokrojone w kostkę

- 1 średnia cebula, posiekana

- 1 mała kapusta pokrojona w ćwiartki

- 4 marchewki pokrojone w kostkę

- 1/4 łyżeczki soli

- 1/2 łyżeczki mielonego czarnego pieprzu

- 2 łyżeczki bulionu wołowego w granulkach lub bazy wołowej

- 1/4 szklanki wody

- 1 puszka (14 1/2 uncji) duszonych pomidorów, pokrojonych

- 1/2 szklanki kwaśnej śmietany

- 2 łyżki skrobi kukurydzianej

PRZYGOTOWANIE

1. Odetnij tłuszcz z kotletów; oprószyć 2 łyżkami mąki.

2. Zrumienić kotlety wieprzowe na patelni w gorącym oleju na średnim ogniu.
3. Umieść ziemniaki, cebulę i marchewkę w powolnej kuchence. Warzywa posypać pozostałą mąką i wymieszać. Na mieszance ziemniaczanej ułóż ćwiartki kapusty, sól, pieprz, zrumienione kotlety wieprzowe, bulion lub bazę rozpuszczoną w 1/4 szklanki wody i duszone pomidory. Nie mieszać mieszaniny.
4. Przykryj i gotuj na HIGH przez 3 1/2 do 4 godzin lub gotuj na LOW przez 7 do 8 godzin.
5. W małym rondlu wymieszaj kwaśną śmietanę i skrobię kukurydzianą, aż będą gładkie. Wlej płyn do gotowania do miarki na 2 filiżanki; dodać tyle wody lub mleka, aby było równe 1 1/2 szklanki. Wymieszaj w rondelku z kwaśną śmietaną. Gotuj i mieszaj na średnim ogniu, aż zgęstnieje i mieszanina się zagotuje. Mieszankę kwaśnej śmietany podawaj z kotletami schabowymi.

Gulasz Wieprzowy Z Cydrem

SKŁADNIKI

- 2 funty przyciętej łopatki wieprzowej bez kości, pokrojonej w kostki o boku 3/4 cala
- 3 łyżki mąki
- 1 łyżeczka soli
- 1/4 łyżeczki suszonego tymianku
- 1/4 łyżeczki pieprzu
- 6 marchewek, pokrojonych w 1/2-calowe plasterki
- 4 średnie ziemniaki, pokrojone w kostki o boku 3/4 cala
- 1 szklanka posiekanej cebuli
- 1 duże jabłko, obrane, pozbawione gniazd nasiennych i posiekane
- 2 szklanki cydru jabłkowego
- 1 łyżka octu
- 1/2 szklanki zimnej wody
-

1/4 szklanki mąki

PRZYGOTOWANIE

1. Połącz 3 łyżki mąki, sól, tymianek i pieprz; wymieszać z mięsem. Umieść marchewki, ziemniaki, cebulę i jabłko w powolnej kuchence. Na wierzchu kostki wieprzowe. Połącz jabłkowy cydr i ocet; polać

mięsem. Przykryj i gotuj na poziomie LOW przez 9 do 11 godzin. Ustaw wolnowar na WYSOKI. Wymieszaj 1/4 szklanki mąki i 1/2 szklanki zimnej wody, mieszając do uzyskania gładkości. Mieszaj w gorącym płynie w powolnej kuchence. Przykryj i gotuj jeszcze 15 minut lub do zgęstnienia.
2. Posmakuj i dostosuj przyprawy. Służy 8.

Zapiekanka z ziemniaków

SKŁADNIKI

- 8 do 10 średnich ziemniaków, pokrojonych w cienkie plasterki, około 2 funtów
- 1 średnia cebula, posiekana
- 2 puszki (po 10,75 uncji każda) zupy z sera cheddar
- 1 szklanka mleka
- 1/4 łyżeczki mielonego czarnego pieprzu
- odrobina mielonej musztardy

PRZYGOTOWANIE

1. W garnku ułóż warstwami połowę ziemniaków i połowę posiekanej cebuli. Połącz obie puszki zupy z mlekiem, pieprzem i mieloną musztardą. Rozłóż połowę mieszanki zupy na ziemniakach i cebuli. Powtórz nakładanie warstw, używając pozostałych składników. Przykryj i gotuj na poziomie LOW przez 6 do 8 godzin lub na poziomie HIGH przez 3 do 4 godzin.
2. Służy od 6 do 8.

Zapiekane Ziemniaki Z Szynką

SKŁADNIKI

- 1/2 szklanki pokrojonej w kostkę szynki
- 8 do 10 med. ziemniaki, cienko pokrojone
- 1 w. tarty amerykański ser
- Sól i pieprz
- 1 puszka kremu z zupy grzybowej lub 1 szklanka średniego białego sosu
- Papryka
- 1 cebula, cienko pokrojona

PRZYGOTOWANIE
1. W powolnej kuchence ułóż warstwę połowy szynki, połowy ziemniaków, połowy cebuli, połowy sera. Posypać solą i pieprzem. Powtórz warstwy z pozostałą połową składników. Łyżką polać nierozcieńczoną zupę lub biały sos i posypać papryką.
2. Przykryj i gotuj na poziomie LOW przez 7 do 9 godzin, aż ziemniaki będą miękkie.

Proste Pyszne Ziemniaki

SKŁADNIKI

• 4 puszki (15 uncji każda) pokrojonych białych ziemniaków, odsączonych

• 2 puszki skondensowanej śmietany z zupy selerowej, nierozcieńczonej

• 2 szklanki kwaśnej śmietany

• 10 pasków bekonu, ugotowanych i pokruszonych

•
6 zielonych cebul, cienko pokrojonych

PRZYGOTOWANIE

1. Umieść ziemniaki w powolnej kuchence. Połącz pozostałe składniki; polać ziemniaki i dobrze wymieszać. Przykryj i gotuj na wysokim poziomie przez 4-5 godzin.